# Pensamiento y poesía en la vida española

María Zambrano

# Pensamiento y poesía en la vida española

Prólogo de Francisco José Martín

Alianza editorial
El libro de bolsillo

Esta edición reproduce la fijación del texto que hizo Mercedes Gómez Blesa en el Vol. I - Libros (1930-1939) de las OO.CC. de María Zambrano, 2015.

Diseño de colección: Estudio de Manuel Estrada con la colaboración de Roberto Turégano y Lynda Bozarth
Diseño de cubierta: Manuel Estrada
Fotografía de Lucía M. Diz y Miguel S. Moñita



PAPEL DE FIBRA
CERTIFICADO


Calle Juan Ignacio Luca de Tena, 15
28027 Madrid
www.alianzaeditorial.es

ISBN: 978-84-1362-437-2
Depósito legal: M. 16.685-2021
Printed in Spain

Si quiere recibir información periódica sobre las novedades de Alianza Editorial, envíe un correo electrónico a la dirección: alianzaeditorial@anaya.es

# Índice

# Prólogo

No siempre el perfil más exacto de una vida se gana desde la comprensión de los hechos que suelen hilvanarse como historia o biografía. Hay vidas cuya íntima verdad requiere entender y comprender lo que los hechos dejaron frustrado, lo que quedó incumplido, tal vez interrumpido, abandonado en un camino extraviado. Y es que la vida, a la postre, no consiste sólo en lo que pasa, sino, también, en lo que no pasa o deja de pasar, en el vacío que deja eso que no sucede, en la negatividad que envuelve a la ilusión del desarrollo positivo de los hechos consumados. El exilio es una de esas experiencias radicales cuyo cabal entendimiento exige volver los ojos hacia la negatividad de lo real, hacia la tragedia siempre ensombrecida del suceso que es lo que no sucede. No es sólo, desde luego, el suceso de una vida lejos de la patria, ni tampoco el descubrimiento de la patria en esa distancia, en esa lejanía incolmable, sino, más bien, el suceso o acontecimiento de lo negativo como fundamento de una existencia a la que todo –o casi– le ha sido arrebatado. Eso es el exilio: un no ser antes que un ser, un no poder ser algo que ya estaba en camino de ser, ya empezado o sin empezar aún, como si fuera una ilusión o una esperanza, tal vez un proyecto largamente meditado o un sueño lejano al que se ingresa en la noche con corazón ardiente y ojos cerrados. El exilio es el derrumbe del horizonte sobre el que la vida se sostiene y a la vida queda entonces sólo un vacío que se ofrece como desolación. Es desde ese vacío, desde esa ausencia, desde la efectiva positividad ontológica de esa negatividad que ni siquiera tiene ruinas, que debe ser entendida la vida del ser exiliado. En ella cuenta y pesa más lo que falta que lo que hay –tal vez porque lo que hay es lo que falta–.

María Zambrano es su exilio. Llegará a decir que no concebía su vida sin el exilio vivido. Es justo, pues, entender su obra como una filosofía del exilio, y no sólo porque se desenvuelve y despliega en el lugar sin lugar del exilio, sino porque hace del exilio el espacio propio de la reflexión y del pensamiento. No piensa –ni escribe– Zambrano desde la nostalgia de España, sino desde su vacío, desde el vacío que deja en su vida el fracaso de España. La suya es una vida –y una obra– que da vueltas alrededor de un único centro: ese centro es la Guerra Civil y las vueltas y revueltas son el camino en errancia recorrido del exilio.

De aquella guerra poco cabe decir ya que no se haya dicho o no se sepa, tal vez recordar que Zambrano le dedicó un libro de urgencias, *Los intelectuales en el drama de España,* publicado en Chile en 1937, y, sobre todo, que estando entonces fuera de España decidió volver cuando a sus ojos aparecía claro que la guerra ya estaba perdida. Fue un gesto que conviene no pasar por alto: no volver –como otros hicieron– no hubiera significado deslealtad a la República, desde luego, pero volver en aquellas circunstancias era algo más que la manifestación de su fidelidad republicana. Era volver para estar al lado de los que pierden, para compartir con ellos la experiencia de la derrota. No vuelve derrotada, sino para luchar con verdadera pasión y no menor convicción contra aquella derrota que a sus ojos –y no sólo– parecía inevitable.

Zambrano vuelve para estar cerca de su pueblo. Pocos conceptos tan esclarecedores como el de pueblo para entender el posicionamiento político y filosófico de la joven Zambrano: frente a la dinámica social que su maestro Ortega y Gasset explicaba como interacción entre las masas y las élites, ella, rechazando en parte aquel elegante andamiaje del pensamiento más moderno de entonces, volverá los ojos atrás para recuperar el concepto tardorromántico de pueblo, sobre todo en el uso que de él hicieron en España los intelectuales de la Institución Libre de Enseñanza y de la Generación del 98. Volver a España era también, en aquel gesto suyo, volver a Galdós y a Unamuno, a Machado y a Giner. Pero sin renunciar a Ortega, por mucho que le enfadara su distanciamiento de la República y su salida de España al empezar la Guerra. Más allá de cualesquiera diferencias ella iba a reconocerse siempre en su magisterio: incluso cuando después su obra manifestaba ya una clara discrepancia con la del maestro no dejó de insinuar y repetir que su razón poética había nacido en el seno de la razón vital orteguiana y como desarrollo interno del orteguismo.

Perdida la Guerra Zambrano siguió la suerte de aquella España peregrina que iba a encontrar en México un lugar de acogida, un refugio amable, a diferencia de otros que lo fueron mucho menos (piénsese en los campos de concentración franceses, por ejemplo). Aunque en su caso tal vez no fue tan amable, a juzgar por el poco tiempo que iba a permanecer vinculada a la Universidad de Morelia y a la Casa de España, pues enseguida la veremos entre Cuba y Puerto Rico, donde iba a pasar años mejores, según ella misma cuenta, y luego en Roma y más tarde en el pueblecito suizo aquel desde el que volvería a España cuarenta y cinco años después de haberla abandonado. Otra vuelta, otro gesto no menos significativo de aquel otro de su juventud, un gesto que hablaba por sí solo y decía que ya era hora de volver, que en su caso ya se podía volver, o se debía, que había que cerrar heridas y mirar hacia adelante, sin duda, pero sin olvidar, no tanto la historia, sino lo que la historia enseña: que no había que cerrar los ojos al pasado y que la memoria del exilio debía ser salvada para iluminar el camino de la nueva democracia española.

La geografía del exilio traza itinerarios en ciudades hermosas y destinos que no lo son y quedan lejos, en una distancia difícil de entender porque más que de espacio está hecha de tiempo, o mejor: más que de solo espacio está hecha sobre todo de destiempo. En general los relatos del exilio desatienden tanto las privaciones sobre las que la vida se sostiene como las ausencias cotidianas que la llenan. A veces son los muebles escasos y mal compaginados de la casa o un vestido ajado y deslucido que cuelga solitario en el armario los que delatan el ser de lo que falta, que es lo que de veras cuenta en las fotos que nos llegan del exilio. En México Zambrano cumplió con un exigente contrato de docencia y se volcó en una escritura no menos exigente de la que en pocos meses salieron dos libros y su salud maltrecha: *Pensamiento y poesía en la vida española* y *Filosofía y poesía*. Dos libros gemelos, sin duda, complementarios, en cuya unidad profunda –respetuosa de su diferencia– empieza a mostrarse la razón poética como propuesta filosófica ante aquel aciago presente en crisis.

Era el año de 1939 y el final de la Guerra Civil anticipó de muy poco el inicio de la Segunda Guerra Mundial. Hay que imaginarse al presidente Negrín intentando juntar de facto ambas guerras y así tal vez –pensaba– poder salvar la República, y al coronel Casado, con Besteiro, pensando en salvar las vidas de los republicanos que en Madrid ya no tenían escape. A finales de enero María Zambrano cruzó la frontera francesa. Hay que imaginarse ese paso de los Pirineos en aquel crudo invierno, el aguanieve cayendo como un largo lamento y la larga fila humillada de españoles que caminaban como podían fuera de España. Esa experiencia haría mella en su pensamiento. No sólo en su pensamiento, sino en su misma vida, incluso en la manera de mirar las cosas que le quedó desde entonces. En marzo Zambrano ya está en México y en diciembre en Cuba. El paso por México es breve pero intenso. Siente la urgencia de pensar, como en Chile al principio de la guerra, sólo que ahora el horizonte es aún más negro y no puede no pensar sino desde la desposesión y el fracaso.

Algo había fracasado, sin duda, pero ella quería fundar una nueva esperanza, tal vez abrir un camino nuevo. Nunca estuvieron más entrelazadas la filosofía y la vida. Lo urgente era entender el fracaso, un fracaso que era uno y era doble, a la vez, en su sentir y en su pensar: el fracaso de una nación, España, y el fracaso de la filosofía occidental, tal vez sólo el del modo de pensar que se había hecho dominante en Europa durante la modernidad. España y Europa habían viajado por vías diferentes, incluso muy diferentes desde el inicio de la Edad Moderna. Y si hubo un tiempo (no muy lejano, pues corresponde a los años de formación de la joven Zambrano) en que la inteligencia española pensó salvarse mirándose en el espejo de lo europeo, a la Zambrano de esta hora trágica del inicio del exilio –en aquel interregno que fue el tiempo suspendido entre el final de una guerra y el inicio de otra– le era claro ya que la vieja consigna de la europeización de España había sido una quimera. Había hablado el tiempo y lo había dicho en las trincheras.

A la joven Zambrano no le era ajena la crítica del racionalismo moderno, pues, en buena medida, ese fue el horizonte de su formación. En él convergían, por un lado, el variopinto universo intelectual de los institucionistas, que le llegaba a través de su padre y del círculo de sus amistades segovianas, Machado a la cabeza de todos, al que se añadían los pensadores de la Generación del 98 (Unamuno, Azorín, otra vez Machado), y, por otro, el más estructurado de los intelectuales de la Generación del 14, sobre todo a través de sus estudios universitarios con aquel magnífico profesorado madrileño, con Ortega y Gasset a la cabeza, sin duda, pero en el que también hay que mencionar, al menos, a Xabier Zubiri, Julián Besteiro y Manuel García Morente. Algo así como un suelo fértil ampliamente preparado por la acción cultural del espíritu institucionista y noventayochista sobre el que iba a caer después la mejor semilla del pensamiento orteguiano, que no era sólo doctrina filosófica o contenido de la filosofía, sino método de la filosofía y modo de concebir tanto la filosofía como el ejercicio filosófico.

En España antes de la guerra Zambrano había publicado un libro, *Nuevo liberalismo,* y algunos artículos en prestigiosas revistas de entonces, como *Revista de Occidente* y *Cruz y Raya,* que le habían dado renombre y muchos años después, ya en pleno exilio, integrarían con otros el volumen de *Hacia un saber sobre el alma*. Los dos libros de México de 1939, en cambio, introducen algo que suele pasar desapercibido cuando se insiste en la línea de continuidad temporal de la vida, con sus antes y sus después, porque la Guerra Civil, en fondo, fue lo que hizo saltar la continuidad, todas las continuidades, y aunque después podamos colocarla en otra continuidad que la incluye, o lo intenta, lo cierto es que, a pesar de todo, de todos los esfuerzos que se hagan en un sentido o en otro, va a quedar siempre fuera y va a reclamar para sí el ser punto de inflexión o de ruptura. Eso es ser un centro: un final que se hace principio y del que hay que ser capaces de hacer que todo pueda volver a empezar. Eso son los libros gemelos de 1939, un nuevo inicio, tal vez el inicio verdadero, el que sigue al segundo nacimiento que fue para Zambrano la aceptación del exilio.

La Guerra Civil fue algo así como el grado cero de la entera historia de España. Eso fue en la experiencia de su pensamiento. Por eso, más que seguir, su pensamiento empieza ahí, aunque no sea ahí donde empiece su obra, en esa guerra que en el tránsito hacia el exilio se había convertido en el centro oscuro del que brotaba toda la historia. Escribir en México aquellos dos libros gemelos fue para Zambrano como querer llegar hasta ese centro oscuro, o, cuanto menos, iluminar el camino de su sentido. Y a las primeras luces, acaso aún medio en penumbra, tal vez se dio cuenta que ese camino no requería sólo una torsión del cuerpo y volver la vista atrás, sino que llamaba desde adelante para ser desandado. Llamaba, pensó o entendió Zambrano, a la formulación de una nueva filosofía.

La razón poética está ya toda en esa torsión que reclamaba el alma perdida del mundo y de las cosas. La filosofía se había entregado a la violencia del concepto y la modernidad había rebajado definitivamente el valor cognoscitivo de la metáfora. Zambrano lo sabe desde atrás, pero ahora, en aquella hora trágica del mundo, no puede no ver en todo ello la responsabilidad de la filosofía. O cuanto menos, de aquella filosofía que había dominado el curso de la modernidad y había escrito la historia con minuciosa soberbia. Porque lo que Zambrano descubre, en efecto, o como efecto de su vencimiento y de su derrota, son los saberes vencidos en cualesquiera contiendas que habían quedado marginados entre los pliegues de la historia. La literatura es un saber y la metáfora su instrumento de conocimiento. Pero Platón condena y Descartes ratifica. Fue el exilio de la literatura. Y Zambrano piensa que la torsión de la razón poética deba hacerse recomponiendo la unidad perdida de filosofía y poesía. Si con la separación hemos llegado hasta aquí –parece que diga– quizá valga la pena ver adónde se llega por ese otro camino acaso abandonado, tal vez olvidado, sin separarlas, antes bien buscando su más plena integración, buscando sin escatimar esfuerzos la recomposición de una unidad perdida que ahora parecía volver a brillar como una estrella lejana en el horizonte.

Todo eso debió de ir pensando en aquel singular camino del exilio que empezó recién llegada a México, o tal vez ya antes, en uno de aquellos barcos de la esperanza que cruzaron el Atlántico cargados de desesperanza e ilusiones perdidas. Morelia es para Zambrano un exilio dentro del exilio. Quizá no lo fuera, o no lo fuera del todo, pero ella lo vivió así, como si hubiera sido alejada sin razón de Ciudad de México. Por eso acaso sintió que era una ocasión de desquite la invitación de la Casa de España para impartir un ciclo de conferencias bajo el título de *Pensamiento y poesía en la vida española*. Las conferencias se impartieron los días 12, 14 y 16 de junio de 1939. Zambrano escribió las conferencias y en septiembre la misma Casa de España las editó en forma de libro con ese mismo título. De su escritura cabe decir dos cosas. La primera: que fueron escritas para ser leídas en público, cosa que Zambrano misma confiesa que hizo, acaso porque a medida que se acercaban las fechas y en consideración del desafío que se había impuesto debió de sentir no poco susto y no quiso correr el riesgo de que la emoción pudiera traicionar su pensamiento. La segunda: su estilo, tan alejado de la formas sistemáticas de la filosofía que en sus páginas se critican y deploran, se inscribe de pleno en la mejor tradición del ensayo hispánico, donde la escritura no es ni pretende ser el reflejo o la cristalización de un resultado del pensamiento ya ganado de alguna manera pura y anterior a la expresión lingüística, sino un camino que hace de la misma expresión lingüística del pensamiento el centro de acción de una filosofía que a la búsqueda de la verdad une de manera inescindible la búsqueda de la belleza. No basta escribir, hay que escribir bien. Y bien quiere decir que las palabras no deben ser sólo hermosas, sino honestas. Así escribe Zambrano.

Los tres ensayos que componen *Pensamiento y poesía en la vida española,* desiguales en extensión y quizá también en puesta a punto, sobre todo el último, que resiente falta de tiempo/espacio para tratar como se debe un tema tan amplio y tan complejo, como la propia Zambrano confiesa, representan una de las más certeras y convincentes respuestas a aquella intuición de Unamuno según la cual el pensamiento español estaría todo él entremezclado con la literatura y con la mística. Zambrano, en efecto, explica el porqué de aquella diferencia hispánica a la que también andaba dando vueltas Américo Castro en un exilio distinto y semejante. Castro acuñó un nombre perfecto: *vividura*. Zambrano habló de forma de vida, pero era lo mismo, o casi. Entre ambos, como un puente oculto, juntando sus diferencias, que no eran pocas, aparecía la sombra de Zubiri. Zambrano indaga en las categorías de la vida española, verdadera contribución al esclarecimiento de esa forma de vida hispánica en la que radicaría la diferencia específica que separa definitivamente lo español de lo europeo. Ahí quedan: son para leer despacio y meditar después en qué punto volvimos a extraviar el camino.

El libro era también una respuesta no menos certera y no menos convincente al marco teórico del entonces llamado problema de España y al largo e intenso desarrollo que había tenido en España en amplia variedad de tratados y ensayos en los que debatieron regeneracionistas, noventayochistas y novecentistas. Costa y Altamira por un lado frente a Ganivet y Unamuno, con Maeztu en medio, a los que se añadirían después, Ortega y Araquistáin, quizá con D'Ors de soslayo, entre otros muchos, claro está, y en los que se fue pasando de la devoción europea a la crítica del europeísmo y a su refundación dentro del reformismo de la Generación del 14. Zambrano se inscribe en ese debate y lo cierra, aunque en verdad ya lo había cerrado Ortega al certificar que el problema de España había que inscribirlo en lo que él llamó entonces el problema de Europa y nosotros hoy llamamos crisis de la modernidad. Había, en efecto, una crisis europea, de la que Ortega había empezado a tomar conciencia cuando ante sus ojos se abrieron las trincheras de la Segunda Guerra Mundial, y era una crisis general, sin duda, una crisis que afectaba al orden general de la cultura y de la vida europeas, sólo que ahora, ante Zambrano en la coyuntura de 1939, aparecía claro que el nuevo orden mundial salido de aquella primera guerra (en la que hay que colocar también el advenimiento de la revolución rusa) había vuelto a explotar y las heridas que parecieron cerrarse volvieron a abrirse como nunca antes pudo imaginarse. Y Zambrano pensó, y no le faltaban razones para pensarlo, que de esa nueva crisis sólo podía salirse desandando el camino de la modernidad triunfante y volviendo a empezar alguno de los muchos que habían quedado olvidados (abandonados, postergados, marginados), como, por ejemplo, ese camino español que tan poco había contribuido al triunfo de la razón moderna, pues en gran medida –eso pensaba ella en consonancia con una de las ideas madre de aquel liberalismo español de sus años de formación– había permanecido al margen. El ascenso de Europa había coincidido con el descenso y la decadencia de España. Tal vez ahora era llegada su hora, piensa Zambrano, o propone sin ningún patriotismo de ningún tipo, sino por la simple razón de peso de que en España, a diferencia de Europa, podía encontrarse aún una forma de vida acorde a las posibilidades del necesario despliegue de la razón poética en aquel mundo en crisis.

No fue así, claro está, pero Zambrano nunca dejó de pensar que esa indagación suya en la tradición literaria española sacaba a la luz un modo de pensar del que ella se sentía parte en causa y proponía como posible solución a la general crisis de la cultura occidental. Lo prueba el hecho de que más de veinte años después publicaría una suerte de continuación de *Pensamiento y poesía en la vida española* con el hermoso título de *España, sueño y verdad*. Pero ésa es ya otra historia.

Francisco José Martín

# Pensamiento y poesía en la vida española

# Nota aclaratoria a la presente edición española

Quisiera decir que la presente edición publicada en el Fondo de Cultura Económica para «La Casa de España», septiembre, 1939, corresponde a tres conferencias leídas, y a ratos dictadas, como miembro de «La Casa de España» en la ciudad de México, siendo yo profesora en Morelia (Michoacán). Tiene, pues, un estilo oral, aunque yo por timidez las leyera. Corresponde a un momento decisivo de mi vida: nada más terminada la guerra de España, en México encontré no sólo la acogida, que México dio a tantos refugiados, sino una más inapreciable todavía, la de encontrar manera y lugar apropiados para mi pensamiento.

Y así, a más larga distancia, en diferente situación la corregí sin tocar a la sustancia misma del libro, mas con un sentido crítico en cuanto a la forma y no a las palabras. Fue publicada en España ya en una edición, «Obras Reunidas, primera entrega»; aunque la situación mía y el lugar mismo habían cambiado, yo la corregí. Debo decir que en «Obras Reunidas» (Editorial Aguilar), las correcciones que había hecho no fueron enteramente respetadas, es pues, ahora en esta presente edición donde mis correcciones de forma y de tono, que no era ya el oral, aparecen.

Se trata, pues, de esta nueva edición, que al lector se presenta, la primera que sin borrar el contenido y sin disminuir el sentimiento de acogida que México dio a mi pensamiento, responde a las correcciones fielmente. Es una edición corregida y encuentro que este volumen así presentado, a secas, sin ningún añadido, sin ningún acompañamiento, tiene un valor original que no se le puede confundir, ni acometer, con trozos o fragmentos o notas relativas a este tema. Es, en este sentido un acierto, presentar una fiel edición a mi pensamiento originario. Se trata de fidelidades. Las pequeñas correcciones que en el texto aparecen han sido revisadas con este criterio de mi pensamiento más allá del tiempo y aun de la forma oral que tuvieron aquellas conferencias.

Creo que se trata de algo que merece la pena ser ofrecido al lector sin ambigüedad de ninguna clase.

María Zambrano
Madrid, otoño de 1986

# Propósito

Las siguientes conferencias pronunciadas en México, bajo los generosos auspicios de *La Casa de España,* que de tantas maneras, llenas de inteligencia y eficacia, hace posible la continuación de nuestra vida intelectual lejos de España, no son sino breves trozos de algo pensado, y más que pensado, intuido, con mucha mayor amplitud. He de confesar que, hasta julio de mil novecientos treinta y seis, en que España se lanza a la hoguera en que todavía arde con fuego recóndito, no me había hecho cuestión de la trayectoria del pensamiento en España. Absorbida enteramente en temas universales, resbalaba sobre mi atención, eludiendo muchas veces la naciente extrañeza que me producían las peculiaridades extremas del pensar español, es decir, de la función real y efectiva del pensamiento en la vida española. Son abundantes los tópicos que circulan acerca de ella, pues la situación de España en el concierto de la cultura, es tan singular que necesitaba de una explicación, y no obteniéndola, ha engendrado tópicos a granel. De ellos nos hemos nutrido.

Pero, la tremenda tragedia española ha puesto al aire, ha descubierto las entrañas mismas de la vida. Esto por una parte, y por otra, que en los trances decisivos, el amor surge absorbente, intransigente. Y así, eso que se llama patria, y que antes los españoles, al menos, no nos atrevíamos a nombrar, ha cobrado en su agonía todo su terrible, tiránico, poder. Imposible liberarse de su imperio; imposible, porque tampoco queremos librarnos, sino entregarnos, como todo amor ansía, más y más. Y la mente va allí donde el amor la lleva; y así, he de confesar que tengo ante mí una larga cadena de temas hispánicos, de los cuales he entresacado los de estas conferencias que pertenecen a una serie titulada toda ella: *Pensamiento y poesía en la Vida Española*.

Se tiende ante mí inabarcable casi, al menos para mis alcances y mis días. Pero, me daré por satisfecha si puedo, al menos, entregar mi esfuerzo hacia algo tan inédito, tan virgen en el terreno del conocimiento, y tan precioso para los tiempos que han de venir. A veces, un temor me asalta: ¿es que se irá a convertir España para los españoles en tema de «hispanismo»? ¿Es que el afán de conocerla se originará de que no la hemos sabido hacer? Todo es posible, pero mi actitud no es ésa; muy al contrario, si siento tiránicamente la necesidad de esclarecimiento de la realidad española, es porque creo que continuará existiendo íntegramente en espera de alcanzar, al fin, la forma que le sea adecuada; porque espero que España puede ser, es ya, un germen, aunque en el peor de los casos, este germen no fructifique dentro de sí mismo. Porque, al fin, la dispersión puede ser la manera como se entregue al mundo la esencia de lo español.

En todo caso, el conocimiento es una forma de amor y también una forma de acción, la única quizá que podamos ejercitar sin remordimiento en los días que corren; la única cuya responsabilidad esté en proporción con nuestras fuerzas. Desde este horizonte amplio, como dos brazos tendidos que México nos abre, esperamos proseguir a fondo lo que estas conferencias solamente anuncian.

# Razón, poesía, historia

## La crisis del racionalismo europeo

La poesía unida a la realidad es la historia. Pero no es preciso decirlo así, no debiera serlo, porque la realidad es poesía y, al mismo tiempo, historia. El pensamiento, el riguroso pensamiento filosófico tradicional, separó a ambas y casi las anuló, reservándose para sí la realidad íntegra, para sustituirla en seguida por otra realidad, segura, ideal, estable y hecha a la medida del intelecto humano. Hoy, a una cierta distancia ya de la gran tradición filosófica que va desde Parménides a Hegel, vemos que en su radical idealismo había una formidable fuerza, la fuerza de estabilizar las perturbadoras apariencias, haciendo de ellas un mundo; mundo por ser trasmundo. Y ese trasmundo ideal, arquitectura del ser que el pensamiento filosófico descubriera en Grecia con tan enérgica decisión, ha servido para que el hombre se sintiese habitante de un orbe estable, definido aunque ilimitado. Y le ha dado durante siglos la medida justa de la seguridad y la inseguridad, de lo claro y de lo incógnito, de la verdad y de la ilusión, en una proporción, tan sabia en su conjunto, que le permitía sostenerse y, al par, avanzar, en ese movimiento que ha engendrado toda la cultura de Occidente. A este equilibrio, a esta medida afortunada se ha llamado razón, y razonable la vida que más se conformaba a ella.

Hay, pues, un horizonte amplio que se tiende desde Grecia –la Grecia parmenidiana– a la Europa de Hegel, bajo el cual todo hombre ha sido racionalista con un racionalismo fundamental, que podía, inclusive, escindirse en teorías o «ismos» de enunciación opuesta. Mas, esta oposición no alteraba la medida, la proporción de verdad, seguridad y liberación que habían hecho de la confusa realidad virginal, del indefinido, ilimitado *apeiron,* de las oscuras y terribles pasiones, un mundo habitable, un orbe donde el hombre instalado ya casi naturalmente, se sentía con potencia para edificar y con humildad para contemplar lo edificado, con violencia para desprenderse de mucho y con amor para adherirse profundamente a algo.

Hoy este mundo se desploma. Nos ha tocado a nosotros, los vivientes de hoy, pero todavía más a los que atravesamos la difícil edad que pasa de la juventud y no alcanza la madurez, soportar este derrumbamiento. «Soportar», porque es el mínimo exigible y no me atrevo a expresar afirmativamente lo que late en el fondo de cada uno de nosotros. No me atrevo a aceptar, sin más, el mandato, cuya voz de tantas maneras evitamos el oír: la voz que nos llama más allá del mero soportar este derrumbamiento para participar en la creación de lo que siga. Porque algo forzosamente le ha de seguir.

Vista así la situación que ante nosotros nos hemos encontrado, ¿no viene a ser preciso y urgente lanzar una mirada hacia una tierra, un pueblo, que han permanecido casi indiferentes, con una rebeldía virginal ante esto que hoy nos abandona y que vemos tan claramente en su totalidad, justo porque nos abandona?

Mientras este racionalismo greco-europeo ha estado todavía vigente, el hombre que vivía dentro de él percibía las divergencias que en su seno había: las disputas, las disonancias producidas por su íntima complejidad. Percibía la complejidad inmediata por encima de la unidad fundamental y, al igual que aquel que habita dentro de un edificio, no puede percibir su silueta. Mal síntoma es cuando percibimos la silueta total de algo; por lo menos es signo de que comienza a abandonarnos. Así las edades de nuestra propia vida. Vemos el sentido de la confusa adolescencia cuando se retira de nosotros, porque ya en nosotros algo nuevo ha nacido, y entonces, de la múltiple heterogeneidad de tantos momentos confusos, vemos surgir algo redondo, homogéneo y coherente. Porque la unidad en la vida es anuncio de la muerte. Según van muriendo nuestras edades, el niño, el muchacho que fuimos, los vemos recortarse enteros fuera de nosotros: imagen, figura solidificada de la fluidez viva de ayer. Los instantes idos, tan dispersos en su transcurrir, han dejado como residuo, al alejarse, una unidad compacta y terriblemente esquemática.

No sucede otra cosa en esa vida anónima que llamamos sociedad, que se sostiene mediante una cultura y que trasciende en historia. Vemos un horizonte histórico cuando ya no estamos propiamente bajo su curva, cuando ya se ha congelado en algo escultórico, fundido en el hielo inmortal de toda muerte (allí donde acaban todas las confusiones, todas las disputas). Pero hay un instante peligroso y difícil en que podemos percibir el horizonte en unidad que nos deja y del que no acabamos de desprendernos por superstición e inercia, también por desamparo. Es el tiempo del desamparo, del triste desamparo humano de quien no siente su cabeza cubierta por un firmamento organizador. Tan sólo cúpulas, las falsas cúpulas de la impostura.

¿Es extraño, pues, que en trance tal nos volvamos a investigar, hasta donde nos sea posible, la forma de ser y vivir de un pueblo inmensamente fecundo y a la par fracasado, cuyo horizonte de vida y pensamiento nunca coincidió del todo con este grandioso horizonte que nos deja? Pueblo rebelde, inadaptado, glorioso y despreciado, enigmático siempre, que se llama España. Su enigma nos presenta hoy un enigma universal, una interrogación sobre el porvenir. Su pasado está vivo por tanto, ya que en él laten las entrañas de este porvenir incierto y que tan desesperadamente esperamos.

Mas, antes de seguir adelante, es preciso que preguntemos: ¿qué es lo que se va? De este horizonte de veinticuatro siglos de razón ¿qué es lo que nos deja o nos ha dejado ya? Muchas cosas; mas para lo que nos proponemos, tendremos que concretar solamente algunas, pues el referirnos a todas sería tanto como recorrer el campo inmenso de toda la complejísima cultura actual. Y lo que nos importa no son tanto las cosas de la cultura como la cultura misma; el horizonte y el suelo que la hizo posible. Y este horizonte fue el racionalismo. ¿En qué consiste, pues, en esencia, el racionalismo, el racionalismo como horizonte, como suelo, no como teoría metafísica o filosófica de un grupo o un hombre por muy glorioso que sea? Tendremos que acudir a sus orígenes de lucha. Pues que si nació con tan poderoso impulso, algo, sin duda, tendría frente a sí. Toda filosofía es polémica; lo que triunfó con Parménides triunfó frente a algo. Triunfó conquistándose la realidad indefinida definiéndola como *ser;* ser que es unidad, identidad, inmutabilidad residente más allá de las apariencias contradictorias del mundo sensible del movimiento; ser captable únicamente por una mirada intelectual llamada *noein* y que es «idea». Ser ideal, verdadero, en contraposición a la fluyente, movediza, confusa y dispersa heterogeneidad, que es el encuentro primero de toda vida. Frente a Parménides estaba Heráclito, cuyos aforismos misteriosos, de una doble profundidad filosófica y poética, quedaron ahí casi al margen durante siglos. Pero también estaba algo que no era filosofía y que creció paralelamente a ella: la poesía y la tragedia. También otro saber más cercano a la ciencia, pero desconectado de ella: la historia. No es tema de este momento entrar en las relaciones delicadas entre ellas. Bástenos señalar una cosa: que el pensamiento de Parménides alcanzó el poder en su sometimiento de la realidad al ser; mejor dicho, de lo que simplemente encontramos, al ser ideal, captado en la idea, y cuyo rasgo fundamental es la identidad de la que se deriva la permanencia, la inmutabilidad. Lo demás, el movimiento, el cambio, los colores y la luz, las pasiones que desgarran el corazón del hombre, son «lo otro», lo que ha quedado fuera del ser. Y bien pronto va a surgir, con Sócrates y Platón, una moral correspondiente a este género de pensamiento: la moral ascética que condena a la vida para salvar la unidad del ser transferida al hombre; la moral que va a transformar las dispersas horas de cada vida humana en una eternidad, unidad más allá del tiempo sensible.

Fácilmente se comprende que todo ello significa una condena de la poesía. Y en efecto, raramente ha salido de labios humanos una condena tan taxativa y extremada como la de Platón. Y bien se comprende que hay en ello, además, un motivo personal: Platón era poeta y abandonó la poesía por la filosofía. En realidad, siguió siendo poeta, puesto que hay mercedes irrenunciables; y así, era de sí mismo de quien se defendía al condenar a los poetas. Es justamente en Platón en quien ya la filosofía se despide definitivamente de la poesía, se independiza de ella y, para hacerlo hasta el fin, tiene que atacarla, como a lo que en realidad es: su mayor peligro, su más seductora enemiga, a la que nada hay que conceder para que no se quede con todo. Como Ulises ante las sirenas, tiene que taparse los oídos para no escuchar su música, pues si escuchara, ya no volvería a escuchar ninguna otra. Platón el poeta, «el divino», tiene que cerrarse a toda justificación del poeta y tiene que alejarlo de su *República,* pues sin que llegase a darle entrada en la ciudad, ¿qué iba a hacer él, Platón, sino poesía? Había que elegir y nadie podía sentir con más fuerza el conflicto que quien llevaba dentro de su ser ambas posibilidades; quien era poeta por naturaleza filósofo por destino[1]. (Como no es ahora de Platón de quien nos proponemos hablar, no podemos detenernos a mostrar cómo en los trances extremos de su filosofía acude al mito poético para revelarnos las verdades supremas y entonces las largas cadenas de razones quedan atrás, ante la luminosidad del misterio revelado. ¿Sabría Platón, entonces, que estaba haciendo poesía?)

Y mientras tanto, de otro lado, el poeta seguía su vía de desgarramiento, crucificado en las apariencias, en las adoradas apariencias, de las que no sabe ni quiere desprenderse, apegado a su mundo sensible: al tiempo, al cambio y a las cosas que más cambian, cuales son los sentimientos y pasiones humanas, a lo irracional sin medida, íbamos a decir, sin remedio, porque esto es sin remedio ni curación posible. La Filosofía fue además –alguien se hizo plenamente cargo de ello– curación, consuelo y remedio de la melancolía inmensa del vivir entre fantasmas, sombras y espejismos. Pero la poesía no quiso curarse, no aceptó remedio, ni consuelo para la melancolía irremediable del tiempo, ante la tragedia del amor inalcanzado, ante la muerte. Más leal tal vez en esto que la filosofía, no quiso aceptar consuelo alguno y escarbó, escarbó en el misterio. Su única cura estaba en la contemplación de la propia herida y, tal vez, en herirse más y más.

Aún otra cosa, muy decisiva: el pensamiento filosófico se presentó a sí mismo como desinteresado. «De todos

1. No había yo descubierto entonces la razón mediadora y el destino y la suerte que aguarda a todo mediador. *[Nota de María Zambrano en la 3.ª ed.]*

los saberes ninguno más inútil, pero ninguno más noble», nos dice Aristóteles. Pero no sabemos cómo vino a parar enseguida en ser un poder y aun en pedir el poder con toda obviedad, según hace Platón en La República. No vamos a averiguar ahora cómo la filosofía, tan desinteresada, vino a engendrar la idea del Estado que nace de ella sin esperar a mucho, ciertamente. Y si Platón pudo arrojar de su república ideal al poeta, fue ciertamente porque el Estado, el poder, vino a ser cosa del desinteresado saber filosófico.

Y mientras, el poeta vagaba entregado a la confusión de sus ensueños, ajeno en su poesía al establecimiento y afirmación del poder; tomaba el mundo tal y como se lo encontraba, sin pretender reforma alguna, porque su atención iba hacia lo que no puede reformarse, y porque sobre el fracaso que implica toda vida humana reacciona aceptándolo, y más aún: hundiéndose en él.

Y con esto, pese a que hayamos tocado el punto más íntimo y delicado de la divergencia –que muchas veces ha sido enemistad– entre filosofía y pensamiento, entendiendo por filosofía esta del racionalismo tradicional: la diferencia frente al hecho del humano fracaso. Porque, toda vida humana es en su fondo una vida que se encuentra ante el fracaso, sin que el reconocer esto lleve por el momento ninguna calificación de pesimismo, pues quizá sea la previa condición para no llegar a él. Pertenece a la contextura esencial de la vida el verse insuficiente, el verse incompleta, el estar siempre en *déficit*. De no ser así, nada se haría, ni se hubiese hecho. Son muchas las maneras de salvar este fracaso; hay la manera apresurada e ingenua que pretende llenar de «cosas», de éxitos, este vacío, como quien quiere cubrir un abismo. Y mientras, el abismo se traga todo lo que se echa en él y siempre sigue ahí con su boca abierta, ávido y siempre necesitado de más.

Ante este fracaso originario, la poesía no toma conscientemente posición alguna, no se hace problema. Y aquí surge la divergencia, porque la filosofía es problema ante todo. Para la poesía nada es problemático, sino misterioso. La poesía no se pregunta ni toma determinaciones, sino que se abraza al fracaso, se hunde en él y hasta se identifica con él. No pretende resolverlo, porque no le interesa actuar; su único actuar es su decir, y su decir es una momentánea liberación en que el grado de libertad es el mínimo, pues vuelve a caer en aquello de que se ha liberado. Poesía es siempre retorno; subir para caer de nuevo; por esto hay quien ha visto solamente el instante en que cae y lo identifica con la caída, porque no ve ni su vuelo, ni su morosa reiteración que es causa de su eterno retorno. Retorno que nos dice que la realidad para el poeta es inagotable, como para todo amante de ella.

Pero, aún tenemos que tocar otros puntos de los muchos que nos quedan por examinar en este esquemático paralelismo: la poesía tiene su «más allá» también; tiene su trasmundo o su transrealidad. Algo que es, con respecto a las simples apariencias que el poeta toma, lo que la idea, el ser, con respecto a las apariencias que recoge la *doxa*. Y tal vez, esto sea causa, en parte, del otro suceso que tenemos que tomar en cuenta, y es que dentro del ámbito, del horizonte del idealismo, del ser, se dé más tarde, siglos más tarde, un espléndido desenvolvimiento de la poesía. El trasmundo del pensamiento y el trasmundo de la poesía llegaron a juntarse, formando así un orbe único de compleja idealidad. En Dante, en San Juan de la Cruz, la poesía se ha salvado, sobrepasándole, de Platón. Hay una poesía platónica que es la venganza, única que le ha estado permitida al poeta, de la severa sentencia del filósofo erigido en poder.

La integración poética filosófica, por ironía del destino, no alcanza a verificarse, tal vez, más que dentro de esta corriente platónica; sólo en la tradición del pensador que desestimara la poesía encontró cobijo para anidar, cielo para levantar su más alto vuelo. Fuera ha quedado toda una gran masa poética que no coincide con este ámbito; fuera también queda una más rigurosa, ambiciosa, filosofía que no ofrece, ni permite sombra ninguna. Quién sabe si hoy por la vía de una novísima filosofía sea posible y aún necesario enlazarlas.

Pero quedaba otra cosa, un saber acerca de lo temporal denominado historia, la *hystoria* de Herodoto, saber de lo temporal, del acontecimiento contingente que esclaviza, del dato cierto del que no cabe liberación; saber de este mundo sin trasmundo posible, ni vuelo. Oscilante entre el saber y la ignorancia, entre el poder y el desinterés, llena de consideraciones concretas y rebasando lo concreto a cada paso. Mientras ha durado el amplio racionalismo de que hablamos, la historia no ha alcanzado categoría de saber con plenitud. «Semiciencia» y «semiarte», razonable y sin ser plenamente racional. Pero no podemos dejar de señalar que es con Hegel, cumbre del racionalismo, con quien la historia se alza hasta la razón misma. Es porque se la ha identificado con la propia razón, al ser la razón despliegue en el tiempo. La razón se manifiesta temporalmente y este manifestarse es la historia. Ha ganado rango la Historia, no puede en realidad llegar a más; pero no ha ganado, sino tal vez perdido, la escasa autonomía de que gozara. Quiere decir esto que seguía la ceguera para lo originalmente histórico, que quedaba en Hegel encubierto, totalmente absorbido bajo la razón. No se había hecho sino asimilar imperialmente la historia. La razón había subido a su más alto punto y con ello había llegado justamente a su límite, que no podría traspasar.

Lo que queda claro así es que adentrándose en el ámbito de la razón, la historia subió de rango, se relacionó íntimamente con el saber esencial; mas no se encontró consigo misma. Ha sido necesario que a la razón la sustituya la vida, que aparezca la comprensión de la vida, para que la historia tenga independencia y rango, tenga plenitud. La vida misma del hombre es historia, toda vida está en la historia por lo pronto, sin que sepamos si ha de salir de ella. Antes se creía que sólo algunas vidas alcanzaban lo histórico; hoy sabemos que toda vida es, por lo pronto, histórica. La irracionalidad profunda de la vida que es su temporalidad y su individualidad, el que la vida se dé en personas singulares, inconfundibles e incanjeables, es el punto de partida dramático de la actual filosofía, que ha renunciado así, humildemente, a su imperialismo racionalista.

Mas ¿qué tiene que ver todo esto con el problema de España? Por lo pronto que ello nos explicaría el porqué de la ignorancia del español de sí mismo, aunque en esta ignorancia vayan también ingredientes específicos. Que el español haya sabido mejor que nada lo que no es, va a permitirnos intentar entrar, bien que de puntillas, en la íntima complejidad de la historia de España. Para entender su historia, es menester tener antes algún diseño o esquema de la vida española en su raíz. Hay que intentar ver qué le ha pasado, realmente, al hombre español, cuáles son los actos de este drama, en definitiva, cuál es el argumento de la historia española. Toda historia tiene su argumento; ni es una cadena de hechos rigurosamente delimitados, que al fin nada nos dicen, sino los hechos mismos; ni es la pura razón desplegándose libre de contacto alguno. Es la vida, y la vida tiene una cierta estructura; la vida no es informe, y lo que hay que buscar, precisamente, son esas categorías que nos dan el esquema de ella.

## Soberbia de la razón

Los breves pasos en que hemos acompañado a la razón en su caminar por nuestro angosto mundo de Occidente, parecen suficientes para poder advertir que la razón se ensoberbeció. No me atrevo a decir que en su raíz; creo, por el contrario, que en sus luminosos y arriesgados comienzos con Parménides y Platón, la razón pudo pecar de otras cosas, mas no de soberbia. La soberbia llegó con el racionalismo europeo en su forma idealista y muy especialmente con Hegel. Soberbia de la razón es soberbia de la filosofía, es soberbia del hombre que parte en busca del conocimiento y que se cree tenerlo, porque la filosofía busca el todo y el idealista hegeliano cree que lo tiene ya desde el comienzo. No cree estar en un todo, sino poseerlo totalitariamente. La vida se rebela y se revela por diversos caminos ante este ensoberbecimiento. El último período del pensamiento europeo se puede llamar rebelión de la vida. La vida se rebela y se manifiesta, pero inmediatamente corremos otro riesgo: la vida sigue por los mismos cauces de la razón hegeliana y la sustituye simplemente, y allí donde antes se dijera «razón» se dice después «vida», y la situación es sustancialmente la misma. Se cree poseer la totalidad, se cree tener el todo. Y es porque falta esa conciencia de la dependencia, de la limitación propia, que es la humildad; la humildad intelectual, compañera indispensable de todo descubridor. El pensamiento en tiempos de crisis es el pensamiento descubridor, y las virtudes del descubridor han sido siempre indispensablemente dos, contradictorias en apariencia: audacia y humildad, atreverse a todo con la conciencia de la propia limitación, de la particularidad de la obra. Sólo es fecunda esta conjunción, de amplitud ilimitada en el horizonte y de la conciencia de la pequeñez del paso que damos.

Evitando la soberbia de la razón y la soberbia de la vida, esta nueva historia puede constituir el más fecundo saber de nuestros días, aquel que le advierta al hombre, que le guíe, y, sobre todo, que le enamore o le reenamore. Nada más infecundo que la rebeldía, aquella que mantiene al hombre suelto, ensimismado, sin hondura; confinado, en la miseria del aislamiento, que algunos se obstinan en llamar libertad o independencia; que algunos otros llegan hasta a llamar poderío, pero que es sólo miseria.

Y al llegar a este punto, vemos que la nueva historia se va a juntar inmediatamente con otra cosa relegada y humillada por la soberbia filosófica, con la poesía. Porque, el poeta ha sido siempre un hombre enamorado, enamorado del mundo, del cosmos, de la naturaleza y de lo divino en unidad. Y el nuevo saber fecundo sólo lo será si brota de unas entrañas enamoradas. Y sólo así será todo lo que el saber tiene que ser: apaciguamiento y afán, satisfacción, confianza y comunicación efectiva de una verdad que nos haga de nuevo comunes, participantes; iguales y hermanos. Sólo así el mundo será de nuevo habitable.

La Filosofía ha dado paso a la revelación de la vida y con ella a la historia; la historia llama a la poesía. Y así, este nuevo saber será poético, filosófico e histórico. Estará de nuevo sumergido en la vida, y quién sabe si haciéndonos posible liberarnos también de ella. Será un saber regulador que le dé al hombre conciencia de su pasado, que le libre de la carga del pasado cuando nos es desconocido o semidesconocido. Se ha creído liberarse ingenuamente del pasado con la ignorancia, y la ignorancia no ha resultado nunca arma de liberación; sólo el conocimiento libera, porque sólo el conocimiento unifica. Absorbamos nuestro pasado en nuestro presente, incorporémosle al hoy, mejor al mañana; no dejemos ningún residuo opaco; no le dejemos nada a la muerte. Sabiendo nuestro pasado es como será verdaderamente nuestro, es como estará vivificado, plenamente presente en este instante, en cada instante de la vida.

En suma, este saber nuevo tendrá que ser un saber de reconciliación, de entrañamiento.

Y podemos, por lo menos, esperar que surja por este camino la nueva medida que ocupe el lugar de la antigua medida razonable. Lo que se ha llamado también objetividad. Objetividad era el orbe, el horizonte formado por la trascendencia, orbe inteligible dentro del cual el hombre se entendía a sí mismo, dentro del cual se encontraba con imagen y figura. La objetividad que parecía ser algo exclusivamente lógico, al faltarnos hoy en el desgraciado mundo europeo, vemos que era ante todo objetividad social, viva objetividad como una mano paternal, firme y protectora, que fuese atando disparidades, desenlazando nudos, señalando el camino posible entre la maraña.

## El peso del pasado

Otro elemento de esta situación es, sin duda alguna, el peso del pasado. En época alguna del mundo el hombre ha tenido tanto pasado gravitando sobre sí; en época alguna ha sentido tanto el fardo de esto que se llama ayer, tradición. Comparada con cualquier otra época vemos la nuestra en este crítico instante en que es preciso volver la vista atrás, si se quiere seguir adelante. Y en la vida el seguir es la única forma de sostenerse. El saber acerca del pasado no es ya una curiosidad lujosa, ni un ejercicio que pueda permitirse inteligencias en vacaciones, sino una extremada necesidad. Por el peso del pasado, por la cantidad de pasado que gravita sobre nuestras espaldas, y también por otras características de nuestra época, por las revoluciones. Estamos en el ciclo todavía de las revoluciones, y toda revolución –hasta la contrarrevolución– se anuncia a sí misma rompiendo con el pasado; todas aparecen en guerra con el ayer, con el ayer más próximo. Y sólo, por el pronto, hace eso la revolución: romper con el pasado. Mas ¿no será la segunda e inmediata necesidad de toda revolución entrar en explicaciones con ese pasado? ¿Puede una época mantenerse en ruptura absoluta con el ayer, porque en ese ayer hayan existido cosas que ella viene a romper o corregir?

Reconciliación con el pasado, lo cual vale lo mismo que liberarse plenamente de él vivificándole y vivificándonos. Tal debe de hacer la nueva historia.

Con estas ideas previas quizá podamos ya atrevernos a algo que muchos han estado tocando con la punta de los dedos y no llegaron a hacer. Estaban condenados a ser fragmentos, estaban destinados a crecer dentro de unas tapias sin encontrarse con su complementario. El poeta que siente la filosofía como última perspectiva de su poesía; el filósofo que no se conforma con usar de la razón, que no se resigna a renunciar a la belleza; el historiador que se sentía penetrado por el tedio de las citas, de la mezquindad del hecho.

Frente a ellos estaba la vida proponiéndolos el enigma de su ser temporal, excitándolos para que descubrieran su sentido. Porque o la vida tiene sentido, o no es nada, y hay que sumergirse en la vida de un pueblo, perderse primero en ella, en su complejidad ilimitada, para salir luego a la superficie con una experiencia en la que se da el sentido. El sentido ordena los hechos y los encaja entre sí al encajarlos en su unidad. Y puede acontecer que en momento de hondo, terrible fracaso de un pueblo, éste necesite hundirse en su ser para arrancarse su sentido, para llegar hasta el sentido del fracaso, la razón de la sinrazón.

España es hoy ese pueblo. La razón de tanta sinrazón y el sentido de tan inmenso caos, la razón del delirio, de la locura y hasta de la vaciedad, hemos de atrevernos a encontrarla.

## Vida española

Vamos a penetrar en la vida española, pero ¿en cuál? Si la vida está moldeada por el tiempo, la vida española será distinta de la vida humana, en general, no solamente por la condición española, sino porque esta vida española, a su vez, será distinta según el tiempo en que corra. Y así es, pero querríamos perseguirla a través de los varios tiempos para dar con sus instantes fundamentales, con sus cambios decisivos. Trataremos de encontrarla en su origen. Mas, ¿cómo hallar sus orígenes entre el sinfín de acontecimientos, entre la heterogeneidad de sucesos y tiempos? La vida, hemos dicho, toda vida, tiene una forma, posee una cierta estructura y es la que previamente hay que diseñar. Esto equivale a decir que la vida tiene sus categorías. Y el que las tenga es lo que hace posible la historia. Si fuese una simple fluencia regida por deseos, instintos y apetitos fijos como en el animal, entonces nunca propiamente pasaría nada, ni nada habría que conocer ni que contar. Hemos señalado que la razón, el pensamiento en España, ha funcionado de bien diferente manera, y que, por ello, España puede ser el tesoro virginal dejado atrás en la crisis del racionalismo europeo. España no ha gozado con plenitud de ese poderío, de ese horizonte. Nos hemos reprochado muchas veces nuestra pobretería filosófica, y así es, si por filosofía se entiende los grandes sistemas. Mas de nuestra pobretería saldrá nuestra riqueza.

## Pensamiento y poesía en la vida española

Es evidente que, dentro de la vida española, pensamiento y poesía han tenido un funcionamiento bastante dispar al que tuvieron en el orgulloso continente que se llama Europa. En dos hechos podemos fundar esta diferencia por un afán de puntualizar, pues la diferencia es tan notoria que en rigor no haría falta sino señalarla. Los hechos son: la falta de grandes sistemas filosóficos, cual los ha habido en los demás países creadores de la cultura europea, y el gran decaimiento que acaeció en la vida española en todos los órdenes, incluso en el del pensamiento, cuando adivino la edad de oro de la cultura de Occidente: la edad moderna. Dudoso es, y muy discutido, que hayamos tenido o no Renacimiento, también lo es que hayamos tenido Reforma, pues el hecho de la Contrarreforma podría ya significar una reforma a nuestra manera. Pero lo que no puede entrar en discusión, por su evidencia misma, es la decadencia rapidísima, casi mortal, que sufrió el espíritu español al triunfar con plenitud la edad moderna, la edad de la burguesía. España no supo vivir con plenitud, con brillantez, en esta época, en este clima del capitalismo burgués europeo; no estaba hecha a su medida; se encontró sorprendida, ajena y en seguida hostil contra todo esto tan grandioso, tan potente. Y es más de señalar, cuanto que España realizará dos de las hazañas más fabulosas que inauguran y dan sentido a esta Edad Moderna: la creación del Estado netamente moderno, con los Reyes Católicos, y el descubrimiento de América. América ensanchando el horizonte, redondeando realmente el mundo, abre esta nueva época. El Estado, nacido en el Renacimiento, crea un nuevo instrumento de poder y un nuevo ámbito de convivencia humana y política. España más que nadie, más que nadie en Europa, está presente en ambas cosas y luego se detiene, y es Europa quien va a sacar *provecho* de todo ello. Es el Occidente, en su ciencia y en su filosofía, quien va realmente a ganar con estos descubrimientos tan esencialmente españoles. ¿Qué ha pasado en España? ¿Qué ha pasado en el mundo?

No es tema nuestro escarbar en este problema, sino más bien esclarecer la estructura íntima de la vida española, cosa que permitiría el mejor enfoque de este y otros problemas, igualmente graves, relacionados con ella. Lo que quisiéramos hacer a lo largo de estas conferencias y su continuación es algo previo y necesario al planteamiento de los problemas esenciales de la historia de España, y, por analogía, a la de cualquier historia.

Saber en suma de qué y de *quién* se va a hacer la historia, señalar y esclarecer el *sujeto* de la historia, hasta ahora tomado tal y como se nos da en el conocimiento vulgar. La Filosofía de la historia es o ha sido un *a posteriori* de la historia, una reflexión sobre ella, mas no se trata aquí de nada semejante; se trata de algo que no es Filosofía de la historia, ni pretende por un instante serlo, sino sencillamente de esclarecer, previamente al estudio de la historia, la estructura íntima de la vida, lo que podríamos llamar su historia esencial, fundamental, sobre la que luego se van a señalar, a insertar, los acontecimientos históricos. Para explicarnos los cambios de España en el conjunto de la historia universal tendremos que haber visto antes quién es España, qué personaje es éste que entra en el drama, y cuál es su íntima y verdadera constitución; cuáles son los sucesos fundamentales que la determinan, que la conforman. Esos sucesos creemos que son aquellos que se transparentan en sus formas más verídicas de expresión: pensamiento y poesía, tomando como género de la poesía igualmente a la novela.

El saber, el saber filosófico, ese del cual «todos los hombres tienen deseo natural», desembocó bien pronto en la forma cerrada y poderosa de la filosofía sistemática. Desde Santo Tomás ha sucedido de modo evidente y significativo. Dante y Santo Tomás, todo el siglo XIII, deja establecida y podríamos decir «cerrada» a Europa. Lo que va a seguir está ya en esas bases y es, en realidad, su despliegue, su desarrollo. En el orden del pensamiento es la inauguración de la era del sistema; la forma sistemática, cerrada, absoluta, es la forma que adquiere el saber filosófico, de tal manera que llega a parecernos hasta hoy tan evidente, tan natural, como el que el agua tenga la forma líquida. Es la forma indisputable del pensamiento. Pero ¿por qué? Todavía hoy no se sabría dar cumplida respuesta a la pregunta, aunque tengamos bastantes sospechas para adivinarla. España no produce sistemas filosóficos; entre nuestras maravillosas catedrales, ninguna de conceptos; entre tanto formidable castillo de nuestra Castilla, ninguno de pensamientos. No es genio arquitectónico lo que nos falta, no es poder de construcción, de congregar materiales y someterlos a la violencia de un orden. En el terreno del poder también supimos y pudimos –bien que ello entrañe nuestra más grande tragedia– levantar un Estado, que es orden y violencia. Solamente en el terreno del pensamiento, la violencia y el orden no fueron aplicados; solamente en el saber renunciamos o no tuvimos nunca este ímpetu de construir grandes conjuntos sometidos a unidad. Podríamos decir que en cuanto al pensamiento fuimos anárquicos, si por anárquico se entiende simplemente lo que la palabra manifiesta: sin poder, sin sometimiento.

Y es que en el origen de la filosofía está la admiración, según textos muy venerables nos dicen, pero está también la violencia, según otros, no menos venerables, nos aseguran. Admiración y violencia. De esta rara conjunción se ha engendrado la filosofía, tan mixta por ello, tan poco pura como haya podido serlo el amor a través de las palabras de Diótima a Sócrates. Si el Amor es hijo de la pobreza y la riqueza, de la esplendidez y la miseria, la Filosofía es hija a su vez, de dos contrarios: admiración y violencia. La primera nos mantiene apegados a las cosas, a las criaturas, sin poder desprendernos de ellas, en un éxtasis en que la vida queda suspensa y encantada. De ella sola no podría derivar algo tan viril y activo como el pensamiento inquiridor, como el pensamiento desvelador. Hace falta que intervenga alguno más, la violencia, para que surja algo que se atreva a levantar y rasgar los velos en que aparecen encubiertas las cosas. ¿Y de dónde nace esa violencia? ¿Qué quiere esa violencia? Lo hemos dicho: quiere. La violencia quiere, mientras la admiración no quiere nada. A ésta le es perfectamente ajeno el querer; le es ajeno y, hasta enemigo, todo lo que no sea proseguir su inextinguible pasmo extático. Y, sin embargo, la violencia viene a romperla, y rompiéndola, en vez de destruirla hace nacer algo nuevo, un hijo de ambas: el pensamiento, el incansable pensamiento filosófico.

El camino, largo y un poco complicado, por el cual este pensamiento, hijo de la admiración y de la violencia, va a parar inexorablemente a una forma sistemática, no es cosa que debamos de tratar ahora. Solamente teníamos que decir esto para abrir alguna perspectiva donde sea visible la peregrina situación de que en la vida española el pensamiento no aparezca jamás en forma sistemática, de que no tengamos ninguna obra que ofrecer al mundo análoga a la *Crítica de la Razón Práctica,* por ejemplo. ¿No será tal vez que el pensamiento español no sea hijo de la violencia, sino únicamente de la admiración, o que haya intervenido la violencia en forma más débil que en el pensamiento clásico ejemplar, o que, en lugar de la violencia, haya intervenido, quizá, algún ingrediente distinto; algo que confiera a nuestro modesto y humilde pensamiento su manera de ser específica?

Nada de esto parece sea descabellado, pues aun en el supuesto de no llevar ninguna certeza estas reflexiones, siempre tendríamos la nitidez de los hechos que reclaman una explicación, un esclarecimiento. Y no es malo que alguien se equivoque en el camino para enseñanza de quienes lo emprenden después.

Desposeídos, pues, de la violencia en el origen de nuestro pensamiento, ello explicaría, por el pronto, no la existencia del pensamiento, puesto que de la otra raíz, la admiración, no puede únicamente surgir; pero sí nos avisa de los caracteres originales, originalísimos, de nuestro vivir y nos lleva, como de la mano, a cosas tan esenciales e inquietantes como lo que se ha llamado «realismo español», «materialismo español», queriendo con ello designar, sin duda alguna, aun en los casos de mayor miopía mental, algo bien diferente de los demás realismos y, sobre todo, de los demás materialismos que han circulado por el ámbito de la cultura europea.

Pensamiento desarraigado de la violencia y, por tanto, del querer, pensamiento no complicado con ningún querer ajeno, en la medida en que esto sea posible; pensamiento no absoluto, no unitario; libre, disperso. Su forma no es el sistema; no se ofrece en principio nombrándose a sí mismo, estableciéndose a sí mismo, sino a través de otras cosas, envuelto en otras formas. La necesidad ineludible de saber que tiene todo hombre y todo pueblo sobre las cosas que más le importan, se ha satisfecho en España en formas diríamos «sacramentales» con la novela y su género máximo, la *poesía*. Novela y poesía funcionan, sin duda, como formas de conocimiento en las que se encuentra el pensamiento disuelto, disperso, extendido; por las que corre el saber sobre los temas esenciales y últimos sin revestirse de autoridad alguna, sin dogmatizarse, tan libre que puede parecer extraviado. Visto el pensamiento español, presenta graves cuestiones en esta su forma de existencia, vagabunda y anárquica. ¿Es que la voluntad, origen de la violencia, se ha quedado fuera del pensamiento en España? ¿Se explicaría con ello –aunque esto haya que tomarlo, por el pronto, como una enorme exageración de un hecho cierto– el que el pensamiento haya estado tan ausente de la política y el que la política haya sido casi siempre, ciega expresión de voluntad bruta, estallido de violentísimo querer?

Entramos ya aquí en el laberinto de la vida española, en su ardiente atmósfera, en sus peligrosos enigmas. Y perdonadme que si para vosotros no tenga el tema el interés de vida o muerte que tiene para quien os habla y para todo español, os lo haya ofrecido, sin embargo. España forma parte de vuestra historia que es formar parte de vuestro destino de un modo u otro. Y además, hay otro motivo para que me haya atrevido a pedir vuestra atención, y es aquella frase de Hegel, de que toda «Historia es historia sagrada». Y yo al menos diría: toda historia es historia universal, y cuando más hondamente descienda en el fondo complejísimo, oscuro y contradictorio que es la vida de un país, más universal resultará.

Pero, antes de ingresar en este fondo enigmático, tenemos que detenernos unos instantes en algo que, por otra parte, nos deslizará en él, en algo que es ya ese fondo y esa vida hechas estilo, expresión, y es el tantas veces mentado y comentado «realismo español» y el no menos nombrado «materialismo», tan socorridos para explicar lo inexplicable, tan sufridos ya que han soportado lo que se haya querido decir acerca de ellos.

## El realismo español

De todas estas pobrezas y limitaciones del entendimiento español, inepto para la filosofía sistemática –limitaciones y pobrezas que ya hemos anotado, pudieran ser no del entendimiento, sino de la voluntad representada por la violencia– surge una riqueza. Es, pues, la voluntad española la indócil a ejercitarse en la violencia, la que engendra el pensamiento, la que elige otros senderos para imponerse. El conocimiento es cuestión de voluntad, y esto es una verdad evidente con sólo mirar a la filosofía europea. El conocimiento no brota con independencia de sus puras y alejadas fuentes, sino que nace enlazado a una cuestión del qué hacer en la vida, supeditado a una dirección, por la que el conocimiento corre, pero que él no ha elegido. El conocimiento, en sí mismo, no elige, sino que corre indiferenciadamente por todo aquello que se le presenta. La pura admiración, el *thaumasein,* brota ante cualquier cosa.

La pura admiración, sorpresa o extrañeza, surge ante todo y se extiende ante todo como un aceite igualitario. ¿Por qué conduce a la idea de *ser,* por qué lleva inclusive a la misma idea, que es ya algo separado, y, por tanto, parcial? El problema que entraña el conocimiento filosófico es, a mi entender, éste: el que el conocimiento filosófico que brotó del puro asombro ante todo, ante todas las cosas, vaya a parar en verterse sobre algo separado, en algo que se escinde de lo demás; vaya a parar en quebrar la ingente realidad unitaria, indiferenciada, en dos vertientes irreconciliables: la de lo que es y la de lo que no es. Del *apeiron* de Anaximandro a la idea platónica, y todavía más a la definición aristotélica, el drama se ha consumado ya por completo. La suerte está echada; la suerte de la filosofía, la suerte de la cultura y también de la religión de Occidente.

También de la religión, pues el cristianismo triunfante no habría hallado tan fértil instrumento para toda la elaboración intelectual que precisaba para su subida al poder. Atrás quedaron, superadas y para siempre, todas las religiones no unitarias, no ascéticas. Si el monoteísmo judeo-cristiano pudo entroncarse tan íntimamente con la filosofía griega fue porque, por lados diferentes, vino a verificarse algo esencial, lo que podríamos llamar ascetismo. Ascetismo en la idea, ascetismo en la vida. Y tan es así, tan fue así, que aquello que en el cristianismo es *más* que ascetismo, lo que en el cristianismo es *vida, caridad, misericordia, encarnación,* quedó sin pensar, sin incorporarse apenas al pensamiento filosófico, inclusive dentro de la misma iglesia católica. Quedó al margen, cebo para las almas piadosas, o entregado al encarnizado amor de la mística.

Todo es consecuencia de la violencia como engendradora de la filosofía; ese ímpetu que hace romper las cadenas del filósofo en el mito platónico de la caverna, ese no poder soportar las tinieblas arriesgando los ojos mismos por donde entra la luz, para llegar hasta la propia luz, esa ansia de verdad compensada luego, es cierto, por su vuelta a la caverna a libertar a sus compañeros (vuelta mediadora, misericordiosa, prometeica, cristiana), ese avariento afán de verdad, revela muy claramente el ascetismo de la verdad filosófica. Su verdad no era, por lo pronto, de este mundo. Y este mundo quedaba en la sombra; este mundo quedaba fuera de la mirada del conocimiento, del ávido afán de verdad.

Ascetismo idealista era lo que así triunfaba en toda la línea; las otras religiones, cuyo rastro nos es casi borrado, quedaron sin campo para actuar y sin clara doctrina filosófica en que apoyarse. La más fuerte, el gnosticismo, que en España encarnó en el priscilianismo, se apoyaba en un Plotino nebuloso, casi desvanecido. La poderosa y alerta censura eclesiástica, la desvelada atención de la Iglesia para ir delineando cada vez más neta y dura su doctrina, ha hecho el resto, resto que era sólo complementario de lo principal y decisivo: la falta de atmósfera vital, cultural, que hiciera posible su desarrollo. Como caminos posibles de la cultura humana, han quedado por el momento vencidas.

Nuestra España, según los historiadores, había tenido una fuerte civilización, especialmente en algunos de sus rincones, muy anterior a la llegada de la colonización griega, no muy profunda en su penetración, y anterior, naturalmente, al cristianismo. ¿Sería demasiado suponer, como hipótesis o atisbo a comprobar por la ciencia adecuada, que pudiera provenir de aquí ese fondo originario reacio a lo griego, y que da su peculiarísimo cariz a la religión católica en España? ¿No habrá como fondo íntimo de España una y aun varias religiones anteriores al cristianismo, no muertas todavía, y que borradas de la apariencia histórica hayan seguido prestando su savia y sentido; hayan moldeado imperceptible pero continuamente todo lo venido de ellas?

Uno de los pocos documentos historiográficos españoles, la bellísima y poética *Historia de los Heterodoxos Españoles* de Menéndez y Pelayo, hace sospechar la hipótesis de la existencia de una o varias religiones, vencidas por el cristianismo triunfante, por el catolicismo romano. Religiones vencidas, mas no muertas, de las que se nutrirían todos los brotes heterodoxos acaecidos aun bajo otras doctrinas: la reformista, por ejemplo. El estudio documentado y minucioso de los procesos de la Inquisición y de los lugares de España en que aparecieron con más fuerza los focos de los heterodoxos, iría alumbrando este problema de tanta trascendencia para ir entendiendo algo de nuestra historia, previo por ello a los demás. ¿Cuáles son las religiones ibéricas que laten todavía, que dan su savia, que imprimen su huella en los rincones, tal vez, más inesperados de nuestra cultura?

Un poco largo parecerá el camino que va, desde estas breves consideraciones sobre un tan grave problema, hasta el llamado «realismo español», tan mentado y renombrado, mas sobre el cual no sabemos todavía si es un modo de conocimiento, un estilo de arte o una genérica forma de expresión, una filosofía o una «concepción del universo».

Y, sin embargo, forzoso es tomar la cuestión desde tan lejos, una vez reconocida la diferencia de origen entre el modo del conocimiento español y el del pensamiento greco-cristiano europeo. Y una vez reconocido que la voluntad representada por la violencia parece no intervenir en nuestro conocimiento, una vez reconocido que la voluntad española, en suma, no ha caminado como la greco-europea acuciando al entendimiento admirativo, y así vino a quedar nuestro conocimiento desasido, desprendido y ametódico, ¿no será necesario retroceder siquiera intencionalmente hasta algo originario, matriz de nuestra cultura, hasta su último fondo religioso?

Mas, quede esto, como es natural, para otros días y tal vez para otros entendimientos; hoy sólo dejemos aquí suspendida la sospecha, iniciada la perspectiva.

De ello solamente podemos sacar la raíz profunda de este realismo y verlo así como un modo de conocimiento, desligado de la voluntad, desligado de toda violencia más o menos precursora del apetito de poder. Esto hace que veamos al realismo español como algo ante todo que no es idealismo, y que no lo es por proceder de otros íntimos orígenes. Idealismo y practicismo no se oponen como miradas superficiales han creído, sino que por el contrario el idealismo es el primer supuesto de la razón práctica. El idealismo en Europa lejos de ser paralizador de la acción, la ha hecho posible en su más alta escala, le ha dado perspectivas ilimitadas, horizonte. Y en su forma más extrema –la de Fichte– idealismo es «activismo», la idea es el ser y el ser es la «actividad pura».

Alejada la vida española de estas raíces, el realismo español será, ante todo, un estilo de ver la vida, y en consecuencia, de vivirla; una manera de estar plantado en la existencia. No existe nada, ningún dogma, de este «realismo» que nos permita cómodamente situarlo, enfrentarnos con él y analizarlo. No; nunca las cosas españolas son tan cómodas. El realismo, nuestro realismo insobornable, piedra de toque de toda autenticidad española, no se condensa en ninguna fórmula, no es una teoría. Al revés; lo hemos visto surgir como «lo otro» que lo llamado teoría, como lo diferente e irreductible a sistema. Intentar sistematizarlo sería hacerle traición, sería suplantarlo por una yerta máscara; sería traer, en vez de la viva sustancia, su hueco molde. No hay fórmula, no hay sistema que compendie el realismo, nuestro arisco e indómito realismo, y nos permita traerlo como un cadáver a la sala de disección del pensamiento; nos hemos de contentar, si es que la fortuna nos ayuda, con evocarlo.

Cruza por toda nuestra literatura, hasta por allí donde menos se le creyera entrometido: por la mística y por la lírica. Imprime su huella en nuestra pintura, y da su ritmo a las canciones y, lo que es todavía más importante, marca con su ritmo el hablar, el callar de nuestro pueblo en su maravillosa cultura analfabeta, moldea nuestros pueblos, y marca con una huella, tan fuerte como difícil de descifrar, los resortes más íntimos del movimiento y la quietud española. ¿Qué motivos son los hondamente reales para que nuestro pueblo se decida a algo? ¿Cuáles aquéllos que, a través de las más enconadas apariencias, le mantienen en ese equilibrio milagroso al borde de la locura? En el realismo van envueltos tanto la forma del conocimiento como la forma expresiva, como los motivos íntimos, secretos, de la voluntad. Lograr entreverlo sería vislumbrar el horizonte máximo de nuestra vida. Hagamos referencia por el momento solamente a lo más ostensible de este realismo: *el predominio de lo espontáneo, de lo inmediato*. Comparada con la vida española cualquier vida parece moldeada de forma, transida de ella. Hay un símbolo plástico: el desarrapado de Goya aparece multiforme en todos sus cuadros, cartones y aguafuertes; pero hay uno, el más destacado, el más inolvidable, uno de los que van a ser fusilados en el cuadro de los «Fusilamientos de la Moncloa»: toda su humanidad se vuelca hacia fuera en un gesto pletórico de vida al borde mismo de la muerte. La camisa blanca desgarrada, diríase que por el inmenso ímpetu vital del pecho que no alcanza a cubrir. Es muy poca cosa un guiñapo blanco para cubrir el pecho de un hombre. Y así se enfrenta a la muerte, tan palpitante, tan rebosante de sangre y de ímpetu que parece imposible que la muerte cuaje aquel caudal arrollador de sangre y enfríe tan ardiente fuego como se aprieta en él, concentrado. Es el hombre, el hombre íntegro, en carne y hueso, en alma y espíritu, en arrolladora presencia que penetra así en la muerte. El hombre entero, verdadero.

No ha surgido todavía en la cultura humana, y menos aún en el poder, ni en el conocimiento, ninguna forma que se muestre capaz de encerrar adecuadamente tal tesoro, tal riqueza humana. Cualquier vestimenta con que vaya revestido será desgarrada por su pecho; cualquier cobertura desechada por su frente, cualquier manto, quedará insuficiente para la amplitud y el brío de su gesto. Y así en las ideas: ninguna que no le quede despegada, ninguna que pueda contenerlo en cierta amplitud y lo represente dignamente. El universo entero está en él. Él sólo nos da idea de la infinitud del mundo y de su cohesión, de su dureza y de su fuego. Es la imagen de un hombre que a nada ha renunciado, que de nada se ha desprendido. Es como una piedra recién salida de la creación; ninguna substracción, ningún pulimento. Es el hombre escapado, más que salido de las manos del creador. Escapado. Su soledad no admite tutela, ni puede confundirse con el desamparo; en su soledad lo lleva todo consigo mismo y parece ahora un hombre de otra especie por la cual la humillación no hubiera jamás pasado su lengua helada. Tan virginal e íntegro es, que ni ante el terror de la muerte inmediata muestra un solo rastro de experiencia. Está rebosando vida y es como si nunca hubiera vivido, pues la vida ha sido tan inmediatamente consumida que ninguna huella ha dejado; ningún residuo muerto. Ni experiencia, ni memoria. Si escapara ileso del mortal peligro, todo volvería a cogerle inocente, todo volvería a sorprenderle; nada hay lo suficientemente fuerte que modifique su contextura íntima. Sabe ya todo lo que puede saber y ninguna ciencia puede modificarle. Está hecho de una vez para siempre.

De tales determinaciones de este personaje puede inferirse que es un ser ahistórico, que pertenece a la naturaleza siempre virgen, no a la historia poblada de huellas y rastros. No es así, sino que este hombre, representativo como ningún otro del estilo autóctono del vivir y del morir español, esta criatura, es la base, el elemento permanente, que presta a un pueblo su imperecedera juventud, el *ser,* en toda su arisca independencia. El ser, la criatura que todo español no pervertido lleva dentro, en sus entrañas, bajo su ser histórico, bajo sus ideas. En la intimidad de todo español de veras, por muy alta que sea su representación espiritual, alienta siempre este desarrapado, esta criatura arisca y desgarradora, y a poco que acerquemos nuestro oído a su pecho oiremos su respiración poderosa. En toda voz española, de las que se dejan oír sobre el murmullo de cada día, oímos inequívoco el sonido virginal como de agua rebotando entre piedras, de esta voz originaria, para cuyo son parece haberse hecho la palabra dura y transparente, vivo cristal de roca de nuestro idioma.

## El realismo español como origen de una forma de conocimiento

De tal ser ha de surgir forzosamente una forma de conocimiento. El realismo lo es, y es una forma de conocimiento porque es una forma de tratar con las cosas, de estar ante el mundo, es una manera de mirar al mundo admirándose, sin pretender reducirle en nada. Tal es la manera de conducirse del enamorado. El realismo español no es otra cosa como conocimiento que un estar enamorado del mundo, prendido de él, sin poderse desligar, por tanto. Y eso explica que un ser que tanto anhela la independencia, tan poco se afane y se plantee la libertad. Porque la libertad jamás ha sido planteada por ningún amante con respecto al objeto de su amor; el amante sólo piensa en la libertad y se afana por ella cuando algún obstáculo se interpone entre el objeto que le enamora y él. No es el problema intrínseco del amor, la libertad, porque enamorarse es forjar unas cadenas, es estar y vivir encadenado sin dolor, con gozo y plenitud en este encadenamiento. Quien mira al mundo como enamorado, jamás querrá separarse de él, ni cultivar las barreras que le separan ni las distinciones que le distinguen. Sólo buscará embeberse más y más. Primeramente, en su actitud más ingenua, no se hará problema de su relación con la realidad que le enamora; después de que el inevitable fracaso de toda vida haya surgido, cuando haya aparecido, aunque sea no más que la conciencia de la imposibilidad de vivir embebido en su puro arrobamiento, aparecerá entonces el problema de su relación con esa realidad. Mas entonces no pide liberarse de ella, sino tenerla de alguna otra manera. Tal vez no sea ésta la raíz de la mística española tan diferente de la mística alemana, a la que hay que considerar como prototipo de la mística europea.

La mística alemana, predecesora de la Reforma protestante, parte de la soledad absoluta del hombre frente a la tiránica voluntad divina, es mística asentada en el esfuerzo angustioso para consolidar la existencia, es mística de náufragos, de agonizantes que se agarran a la indescifrable potencia de Dios; en esa mística no aparece como en la nuestra la misericordia; ni tampoco la presencia maravillosa del mundo y sus criaturas, como en San Juan de la Cruz. Ni la carne, con su palpitar, la materia misma de las cosas consideradas maternalmente, como en Santa Teresa. El místico norteño es un hombre solo, que en su absoluta soledad no es ni padre ni hijo, ni tal vez hermano, está más cerca de la angustiosa filosofía idealista que tiene en ellos, con toda seguridad, su raíz.

Si hemos nombrado al místico, tratándose de «realismo español» como forma de conocimiento, ha sido para que veamos cómo hasta allí donde se parece estar más lejos de él, aparece su fondo. En España, ni el místico quiere desprenderse por entero de la realidad, de la idolatrada realidad de este mundo. La realidad que es la naturaleza, la naturaleza que son las criaturas humanas y también las cosas. Esa consagración que se ha dicho de las cosas, en la cultura viva, popular, creadora de España.

Este apego a la realidad tiene sus consecuencias: imposible viene a ser el sistema, imposible casi la abstracción, imposible casi la objetividad. ¿Cómo entonces ha funcionado la vida española? La condición del género del saber predominante en una época o en un pueblo, no es ajena a la función social de ese saber. No cumple socialmente la misma función la religión, o la poesía, que la ciencia, ni la filosofía. Este realismo español, al no querer contradecir la realidad, ha sido un saber popular. Las raíces con el saber popular no han sido cortadas en España; en ninguna otra cultura la conexión íntima entre el más alto saber y el saber popular ha sido más estrecha y, sobre todo, más coherente.

Las formas mismas en que el saber se vaciaba han tenido que ser, y lo han sido sin esfuerzo, formas populares, asequibles al entendimiento despierto, sin supuestos científicos. Nada menos escolástico ni académico que este nuestro realismo que parece ser la forma de conocimiento que el hombre ingenuo, plantado en la realidad, sin volverse un solo instante de espaldas a ella, adopta. Es, así, su creación.

Y tan fuerte es su profundo arraigo en la mente del español, que puede comprobarse fácilmente en todos los intentos de «teorizar» que han existido. Un cuento popular, con visos de apólogo, narra el caso ejemplar de un buen hombre, de un pueblo de Extremadura, que, acosado por la pobreza, lanzose al camino junto con su hijo, salteador de caminos, para convertirse en ladrón. A los primeros convecinos que pasaron, corrieron a detenerlos diciéndoles que iban a robarles, y como los transeúntes tomaran a broma el suceso, aseguraron muy seriamente: «ya no somos Fulano y Mengano, vecinos de nuestro pueblo, sino bandidos que os venimos a robar». No se amedrentaron los así interpelados, sino que viendo, sin duda, brillar el fondo de intacta honradez de los ojos de aquellas buenas gentes, les dijeron: «será así como decís», y les dieron un cigarrillo que juntos encendieron, poniéndose a continuación a hablar de algunos temas propios de sus preocupaciones: del tiempo, de la cosecha... y así anduvieron el camino y llegaron al pueblo, donde cada uno quedó en su casa, separándose con un honrado «buenas noches, que queden con Dios». Y así terminaron sus hazañas los improvisados bandidos.

Tal podría ser, extremando un poco las cosas como las extrema todo apólogo, la verdadera suerte que en España han corrido todos los intentos teóricos, las empresas de someter a sistema filosófico nuestro montaraz y generoso «realismo» indomeñado.

A lo largo de los tiempos se ha verificado este suceso, pero de modo más claro por tener casi ante los ojos su resultado, en el siglo XIX. «Somos krausistas», dijeron un día unas buenas gentes, unas magníficas gentes lanzadas al empeño de reformar en algunos de sus aspectos la vida española. Y cumplieron en parte su reforma, y atravesaron toda la Península vientos que traían nuevas maneras y hábitos de vida y se levantaron algunas fundaciones que modificaron, en buena parte, la mísera estructura de nuestra pobre vida intelectual de entonces, y una más afinada sensibilidad pulió la vida social. Sí, pero ¿y el krausismo? ¿qué se hizo de la teoría? Había quedado olvidada, como el propósito de atentar a lo ajeno, de los buenos vecinos de nuestro cuento extremeño. Bajo el krausismo, como bajo cualquier otra teoría de mayor o de menor rango existía vigoroso, virginal, intacto, un entendimiento realista español, un corazón enemigo de la abstracción y el análisis que ningún krausismo del mundo pudo modificar.

Forzoso es aquí tener en cuenta la memoria de un nombre, cima del pensamiento filosófico español, José Ortega y Gasset. En él, la filosofía bebida en Alemania en fuentes neokantianas, ha sido asimilada, viva y actuante, a su vigorosísimo pensamiento. Es un hecho histórico el que una filosofía tan extraña haya prendido tan profundamente en la mente de un español tan auténtico. Pero veamos un libro, el segundo de Ortega y Gasset, discípulo de Cohen y Natorp, abramos las bellísimas páginas de las *Meditaciones del Quijote* –están escritas en la juventud del filósofo–, ¿qué neokantismo nos traen? La verdad que muy poco o ninguno, comenzando con que es bien poco neokantiano el hecho de que un catedrático de Metafísica, aunque sea *in partibus infidelium,* escriba un libro tan llano, tan transparente; tan ágil, tan fragante, tan caritativo. Por sus páginas aparecen y reaparecen, rebeldes y vigorosas, unas cuantas intuiciones fundamentales de una mente insobornable; intuiciones que años más tarde van a plasmarse, a sistematizarse, en forma muy poco – clásicamente – sistemática, muy original. Es algo por vez primera hispánico dentro de la esfera del pensamiento filosófico con todo su rigor, muy conforme con las exigencias clásicas de la filosofía y rebasando por entero su tradicional contenido, algo que desde el pensamiento español es la superación de lo esencial de la Filosofía europea: el idealismo, y que fue llamado por su descubridor, Razón Vital, más tarde Razón Histórica. Estaba ya en las juveniles hojas de las *Meditaciones del Quijote,* inequívocamente, y es toda una superación de todo idealismo, dentro del cual tenían su lugar propio sus respetados maestros neokantianos. Al aprender la doctrina había surgido insobornable la originalidad de su mente, su específica vocación.

No, no soporta la mente española ningún traje; ningún hábito cortado a ajenas medidas puede encubrirla por mucho tiempo. Repose en esta certeza nuestra esperanza, de que bien pronto el fondo de nuestro realismo improstituible desgarrará toda máscara, aunque la forjen de acero.

## Materialismo español

Si el realismo es una forma tan genérica que abarca a casi todas las manifestaciones del entendimiento y de la vida española, el «materialismo» vendría a ser dentro de él algo más delimitado y específico; vendría a ser un extremismo, una actitud de la mente de llevar las cosas hasta sus últimas consecuencias; algo más deliberado y consciente, también más apasionado. Vendría a ser una metafísica, extremismo, condensación formulada de todo lo que en el realismo despreocupadamente implica. Es la consagración de la materia, su exaltación, su apoteosis; es un fanatismo de lo material, de lo táctil y de lo visual sobre todo, fanatismo que ha engendrado lo mejor de nuestra pintura: el mismo Greco. Y nadie vaya a escandalizarse por ello, pues no se ha dicho que este materialismo español conciba la materia como algo estático, inerte y opaco, sino que la materia de la cual más que una teoría es un culto, una tenaz adoración, es materia sagrada, es decir, materia cargada de energía creadora, materia que se reparte en todo y todo lo identifica, que todo lo funde y trasfunde. Es el vehículo y la unión: la comunión asequible y concentrada por la cual todo va a todos.

Imposible asumir frente a esta materia ardorosa y creadora, infinitamente fecunda, una actitud contemplativa. Entrar en relación con ella es existir ya en ella, es entrar en su atmósfera, en su círculo, donde nada permanece separado de nada, donde nada conserva su individualidad limitada y opaca. Entrar en relación con ella es lo más parecido a entrar en la luz, donde seguimos siendo lo que éramos, pero transformados, pues el estar iluminado no es una simple adición. Imposible contemplación desinteresada, es decir, que no modifique la condición del que contempla.

Pero es ya algo más cercano del dogma. Es un dogma afirmativo, existencialista, que postula, diríamos, la divinidad del mundo visible, el entrañamiento en él de todo lo que le supera, su embebimiento supremo en todo lo que le podía separársele como propio de otra esfera; su glorificación, en suma.

Dentro del catolicismo, este materialismo toma caracteres de mística sensualidad, de una transfusión de cielo y tierra, en que a la tierra han sido traspuestos todos los valores celestiales y al cielo han ascendido todos los gozos terrenos. Sin que sea eso exactamente, pero no podemos dejar de señalarlo por honradez mental, a lo que indefectiblemente recuerda es al Islam, con su mística sensualista, con su poesía, en que todas las materias quedan traspasadas como moviéndose continuamente en una ascensión, quemándose en su propio fuego purificador.

No será menester recabar la absoluta independencia de este materialismo fanático español con respecto a todos los materialismos europeos. Ninguna raíz común, ninguna forma análoga. El materialismo europeo es una teoría metafísica, análoga en su estructura y en su pretensión a las demás, lo más exacto sería decir de ella que se trata de un idealismo invertido. No así el español, que apenas guarda relación con el idealismo, ni con el racionalismo, pues está fuera de su órbita, cae fuera de allí donde ellos pueden alcanzar. Y, sin embargo, es lo más teórico tal vez, por ser lo más dogmático, lo más apasionado. Teórico solamente a fuerza de partidismo, de apasionamiento. Se llega a verificar en él algo semejante, en cierto modo, a la abstracción, puesto que en este materialismo español funciona una forma de abstracción no de origen intelectual, sino engendrada por ser un extremismo. Pero al fin, una idealidad. ¿Toda idealidad no viene a ser también un extremismo? Por eso, con orígenes tan diferentes, el materialismo español y cualquiera otro «ismo» de la filosofía europea, viene a tener este parecido: ser extremistas.

Este materialismo se dilata en un aspecto puramente poético quizá, el más fecundo e interesante: el que se refiere al sentido y a la significación, la preponderancia que adquieren, dentro de él, las cosas. Las cosas son casi las protagonistas de nuestros mejores libros, de nuestros mejores cuadros. En una obra como el *Quijote,* donde la figura señera del héroe alcanza tan inmensas proporciones, queda sin embargo intacta debajo de su sombra una novela castellana, donde los protagonistas son los caminos, las ventas, los árboles, los arroyos y los prados, los pellejos de vino y aceite, los trabajos de todas clases, en suma: *las cosas y la naturaleza.*

Presencia de la naturaleza escueta sin mezcla de panteísmo alguno, hasta ahí se diferencia lo más renacentista de nuestra literatura del naturalismo panteísta del Renacimiento europeo. No aparece el panteísmo; la naturaleza ella misma se basta. Pero no es la naturaleza lo central de este materialismo, sino las cosas, y el aludir al *Quijote,* ha sido tan sólo para mostrar esto que queda apagado por la gigantesca figura del héroe y que hasta ahora, que sepamos, no ha sido recogido por ningún crítico: la magnífica novela realista que en él hay. La novela, con abstracción de la tragedia quijotesca de la existencia. La magnificencia de las cosas más humildes, de las criaturas más vulgares a las que el tema trágico no ha podido anular.

Pero se ve mejor refulgir este materialismo amante de las cosas, a medida que lo histórico baja de tono y se desvanece, a medida que lo heroico desaparece. Entonces quedan las cosas solas, entonces se muestra que con cosas, con nada más que cosas, brilla un universo en el que hay la huella del hombre, huella que es posible por esa cercanía o entrañamiento en que el hombre ha vivido con ellas. Lo mejor de nuestra novela moderna se nutre de esto: Galdós y Gómez de la Serna, en forma más escueta, hacen la novela española de las cosas y de la tierra.

La tierra española tiene también su novela porque tiene su suceso. Y claro está que no podría tenerlo por sí misma, no podría tenerlo si no hubiese entre la tierra y el hombre una íntima y estrecha relación y hasta una afinidad. Por eso duele la tierra de España: sus olivos y sus encinas, sus retamas, sus trigales, y hasta su ancho cielo, su luz duele.

## La problemática de la vida española

Con lo que llevamos dicho, atisbos que algún día será menester fundamentar, fácilmente se comprende que la vida española ha de poseer una estructura íntima bastante diferente de la vida europea, lo suficientemente diferente como para que explique las diferencias de ritmo; el gran anacronismo, el perenne anacronismo y su indescifrabilidad. Ya que está enclavada en un horizonte conformado de diferente manera.

Toda vida es en el fondo problema; vida y problematismo caminan juntos siempre. Pero no toda vida tiene los mismos problemas y aun podríamos afirmar con cierta audacia –pues que por ahora no nos es posible demostrarlo– tiene una manera diferente de problematismo y ello haría justamente que existan diferentes culturas.

Partiendo la vida española de su raíz más honda, de este apegamiento a la realidad, a la realidad en toda su plenitud, no puede poseer ese racionalismo esencial que nace de Grecia y conforma luego la vida europea, al menos, en sus minorías dirigentes. Racionalismo que consiste, ante todo, en buscar la verdad en la razón, en el orden del conocimiento. Y en cuanto a la conducta, en aceptar como motivos las razones. En tener un pensamiento y una conducta asentados en la firme creencia de que el mundo, la realidad, es en su última instancia racional.

Los problemas de la vida española derivan, ante todo, de lo que vemos en su realismo. El español no ha reducido la realidad a nada, no la ha *reducido,* en primer término. Vive en medio de ella, de toda su multiplicidad cambiante y por ello hay un sentimiento fundamental en la vida española: la melancolía. La melancolía que lejos de empañar los minutos contados de nuestra vida, hace quemarlos con más brillo y luz, hace desgranarlos uno a uno y contarlos apasionada y avarientamente, hace estrecharlos contra el pecho sin que traigan bienandanzas ni fortuna, por el solo hecho de ser instantes, cuentas del rosario del tiempo limitado, de nuestras contadas horas. Pero la melancolía que encontramos en primera instancia no es problema, puesto que no nos mueve a solución; lo que en ella se transparenta es insoluble, y los problemas se caracterizan porque mueven a buscarles solución, salida. No es la melancolía un problema sino una forma de sentir la vida, de sentirla ante todo como tiempo irreversible; es sentir cada uno de los momentos de que el tiempo está compuesto. Una manera de sentir la vida como bien fugitivo, ante todo, como corriente de instantes que van hacia su fin. «Nuestras vidas son los ríos»... esto es lo que primariamente siente el español, lo que siente; «que van a dar a la mar que es el morir», es ya lo que piensa. La primera idea a la que el español se siente abocado en su sentimiento de la vida como temporalidad es, sin duda, la de la muerte como término, como remanso en que la corriente del tiempo desemboca haciéndose tiempo compacto. Y este sentimiento, así que se transforma en consideración o meditación, sólo puede llevar a dos maneras de agotar la vida: o entregarse al momento, a cada uno de ellos, elevándolos a gozosísima plenitud, o a recoger la vida en su totalidad, abrazándola en su totalidad. Ganar la vida en su dispersión ganando cada uno de los instantes, tal don Juan Tenorio y tal el pícaro también, o en dejar pasar los momentos en su diversidad en espera de recogerlos todos cuando ya no pasen, cuando ya no se nos vayan de entre las manos como el agua entre un cesto de juncos; tal el místico. El poeta queda entre ambos, sin decidirse a dejar pasar el momento portador, en su fragilidad, de una diversidad que, al retirarse, se hace rítmica. El poeta, que no quiere renunciar a cada uno de los instantes que pasan, ni tampoco a la totalidad de ellos, ni quiere pasar sin desgranarlos, sin gustarlos uno a uno, ni deja el ansia amorosa que pide eternidad. En él están latentes las dos actitudes; y el poeta no reposa, porque todo le retiene y le enamora, su ser tendría que despedazarse, tendría que morir si eligiera.

La consideración de estos arquetipos no puede dejar de hacerse al intentar dibujar la problemática especial de la vida española; son ellos quienes nos la dan encarnada, verdadera, viva y concreta, lo que queremos apresar son problemas vivientes, no teóricas delimitaciones.

Si el poeta tiene de común con don Juan y el pícaro el aferrarse al instante huidizo, con el místico tiene el afán de integridad, el amor. Amor y deseo engendran el ansia de resurrección, de la resurrección de las almas y de los cuerpos, sin que nada se pierda. Resurrección de lo temporal más allá del tiempo; transposición del mundo temporal allí donde no sea posible la melancolía, porque ya nada pasa, sino que todo está en íntegra presencia corpórea, mas sin posible corrupción.

Como se ve, ya al primer paso que damos dentro de la problemática española tropezamos con el anhelo ilimitado, con el imposible como meta, como solución. Y esto sí es lo propio de la vida española y del hombre que la vive: lo imposible como único posible horizonte.

De ahí que todo el vivir español sea un debatirse contra las rejas de lo imposible. El pensar español, ya en su primer paso, viene a dar a la muerte. El amor y el deseo se enredan en la fugacidad del tiempo. Anhelo y pensamiento juntos van a edificar su solución más allá de la muerte, sin renuncia alguna, exigiendo de la vida, de su responsable máximo, que le depare la unidad de los contrarios: un mundo temporal que no pase jamás.

## Las categorías de la vida

Si tomamos a la vida humana individual, nos dará, al darnos su entronque con la historia, la historia misma de un pueblo; en cada individuo de ese pueblo están presentes y vivos, causando efecto, los sucesos decisivos de su historia, que sin que él los conozca, conforman en gran parte su vida. Ninguna vida, por individual que sea, deja de estar engarzada con la cultura de que forma parte; ninguna vida por anónima que sea, deja de formar parte de la historia, de ser sostén de ella y de padecer sus consecuencias. El hombre padece la historia. Las categorías, pues, afectan por igual a la historia de un pueblo que a las vidas sencillas de quienes lo integran. Y de no ser así, la historia sería el cuento de unos pocos, que para la mayoría no habría en realidad pasado. Y de que así al menos se haya considerado implícitamente, proviene el ver a los pueblos, a la anónima masa popular, como algo indiferenciado, como algo intercambiable, *internacional,* como algo que sólo tiene una historia, la historia de la masa amorfa indiferenciada. En rigor, en los pueblos la cultura es algo que ha pasado solamente a unos pocos, quedando la gran masa al margen de estos sucesos que para nada le han afectado.

Sin extenderse a hacer una crítica de estas creencias, en las que se fundamentan ideas muy extendidas, sí he de decir, en lo que concierne al pueblo español, que tal cosa no es nada verídica. Los sucesos que han pasado a todos los españoles son muchos, la historia vivida en común alcanza gran volumen, diríamos que es toda la esencial. Historia vivida con diferentes grados, claro está, de conciencia. Pero aun en esto la homogeneidad es, por desgracia, bastante grande (por desgracia en este punto) porque la conciencia, y sobre todo el saber, la posesión de ideas y conceptos claros con respecto a los más decisivos acontecimientos de nuestra historia, es algo tan raro y poco común entre los españoles que bien podríamos afirmar que la única diferencia *grosso modo* entre el pueblo y la minoría, a este respecto, es que el pueblo conserva una intuición más fresca y pura de sus íntimos sucesos, mientras el culto la ha perdido, borrada por algunos tópicos más o menos desgraciados. Apenas por diferentes caminos se ha intentado algo de lo más urgente: la purificación de la historia en nosotros, el análisis y la restauración de lo que cada español individual, por el simple hecho de serlo, arrastra consigo; lo que en su anónima vida lleva de historia. Y si algo se ha intentado, confesemos que no ha sido por el camino de la filosofía, sino por el de la novela o por el del ensayo, de manera más eficaz y rica, sin duda alguna, por el de la novela, cosa que arranca en el Quijote y alcanza en nuestros novelistas modernos, desde Galdós a Gómez de la Serna, un amplio desarrollo. Pues al fin, la necesidad íntima de saber acerca de sí misma que el alma española sentía, le fue más directa e inmediatamente revelada a los artistas que a los pensadores, aunque los nombres de Ortega y Unamuno nos muestran una obra gigantesca y aislada.

Nuestra historia se explicaría por algunas situaciones o conflictos, sumamente graves desde luego, que han cambiado la vida de todos los españoles. Baste fijarse en una cosa simplemente: el ensanchamiento o el empequeñecimiento del horizonte, de las perspectivas que el español tenía ante sí, según el momento en que naciera; las posibilidades de que venía cargado, según su destino individual. Imprimen su huella los sucesos históricos de dos maneras: directamente en la vida individual avasallándola o poblándola de dificultades, y también en otra forma: a través de la estructura social que se modifica según el curso de la historia. La sociedad es el medio inmediato en que el individuo se encuentra implantado y de ella recibe sugestiones en uno u otro sentido, y prohibiciones, y a su través circulan corrientes de inhibición o de intrepidez. Por ella se expanden ondas de desesperanza o de entusiasmo; y por ella circulan también los más operantes venenos.

La necesidad de una sociología española, por modesta que sea, es tan urgente como la de una historia. En rigor, no pueden ir ya la una sin la otra. La vida española social fue cargándose de venenos en estos últimos tiempos. Rápidamente iba creciendo la intoxicación, acumulándose los errores de varios siglos hasta que, en un momento determinado, los conflictos históricos por resolver se acentúan, la historia deja de sentir todo su peso y la vida individual pierde toda su libertad; el rastro en ella de la historia, a través de la sociedad, se adueña de todo y cierra todo horizonte. Llega el momento en que el individuo es apenas otra cosa que función social, instrumento de ella; no le queda horizonte propio, independencia, libertad. Es el momento de la desindividualización, de la deshumanización también.

Si algo hemos aprendido últimamente es que el conocimiento no es jamás desinteresado, y una sociología española hubiera sido necesaria, lo será tal vez más, para descongestionar la apretada vida, para devolverle su fluidez, su continuidad, el grado de cohesión verdadera y normal. Se había llegado en la vida española a un extremo de desintegración, de aislamiento; precisamente al sentirse el individuo sin horizonte se sentía, no ligado, sino aislado. Es lo que sucede siempre que la relación entre lo íntimo, lo individual y lo social, ha sido alterada. Resulta una mecanización de la vida social que encubre una perfecta anarquía, una desoladora insolidaridad, un desamparo del individuo que queda inerme.

En ese sentido, la interpretación de nuestra literatura es indispensable. Al no tener pensamiento filosófico sistemático, el pensar español se ha vertido dispersamente, ametódicamente, en la novela, en la literatura, en la poesía. Y los sucesos de nuestra historia, lo que real y verdaderamente ha pasado entre nosotros, lo que a todos los españoles nos ha pasado en comunidad de destino, aparece como en ninguna parte en la voz de la poesía. Poesía es revelación siempre, descubrimiento. Y sucede en nuestra cultura española que resulta muy difícil, casi imposible, manifestar las cosas que más nos importan, de modo directo y a las claras. Es siempre sin abstracción, es siempre sin fundamentación, sin principios, como nuestra más honda verdad se revela. No por la pura razón, sino por la razón poética.

## Conocimiento poético

Porque al fin, todo converge para que el conocimiento español, el realismo, el materialismo, tan al margen de la filosofía sistemática europea, se haga *razón, conocimiento poético.*

En un extremo de la cultura clásica está la filosofía, el metódico conocimiento racional, el esfuerzo de la mente para adquirir la verdad separándose violentamente de las cosas, de las apariencias que encubren al mundo. Este saber llega a ser sistema; sistema en que la totalidad del mundo quiere ser abarcada, en que la infinita multiplicidad de las cosas pretende ser poseída.

En el otro extremo de la cultura clásica quedó la poesía. La poesía. Cuentan que los soldados de Alejandro el Grande, al llegar a la India, encontraron en los bosques confundidos entre los árboles a los *yoguis,* hombres consumidos por la contemplación, sumidos en éxtasis, a quienes la continuidad extática había convertido casi en un árbol más; sobre sus hombros habían anidado los pájaros. Tal era su resignación vegetal, tal su inhumana mansedumbre.

Debajo del cielo, confundido, inmerso en la naturaleza, el poeta puede estar simbolizado por ese hombre-árbol. Sobre los hombros del poeta anidan también los pájaros; con los brazos abiertos ante la creación, el poeta se abre a todas las cosas, se ofrece íntegramente sin ofrecer resistencia a nada, quedándose vacío y quieto para que todas las criaturas aniden en él; se convierte en simple lugar vacío donde lo que necesita asentarse, y vaga sin lugar, encuentre el suyo y se pose. Tal puede ser el símbolo del poeta.

Entre ambos extremos se alza la cultura española, con su conocimiento poético. Pues el hombre en cuyos hombros anidan los pájaros es el poeta, sí, mas tan grande es el vacío que para las cosas ha hecho, tan completa su mansedumbre y entrega, que se ha vaciado completamente. Ya él no existe sino las cosas en él, llenándole tan por completo, que no le queda distancia suficiente para poder expresarlas. Y no puede tampoco expresarlas porque nada suyo tiene, pues toda expresión requiere una cierta violencia. En rigor, la expresión nace en la queja, y la queja implica una cierta rebeldía, una independencia y una afirmación de existencia de quien se queja, que así se defiende y así se afirma. Puede ser ésta la razón de que el hombre haya alcanzado la más alta cima de expresión, mientras que la mujer, normalmente, apenas balbucea. La mujer no se queja, no se rebela, ni se revela, queda oculta detrás de los acontecimientos que la conmueven; detrás de ellos, sentada como en el fondo de su casa. El hombre, en cambio, se queja y en quejarse está su poder de expresión, su capacidad maravillosa de dar forma a lo que por él pasa. El *yogui* de la India ha aniquilado en sí mismo toda capacidad de violencia expresiva y, por eso, siendo el símbolo del poeta, puede hacer raramente poesía, pues la poesía, como todo lo humano, requiere su dosis de violencia.

El conocimiento poético de España tiene, ¿cómo no?, una inmensa violencia expresiva y adolece de excesivo ímpetu que a veces le borra, le oscurece, las cosas; va más allá, con frecuencia, de donde apunta. Pero está ahí, al cabo de los siglos, irreductible al poderosísimo racionalismo europeo. Es conmovedor ver la situación de España, su helada castidad, frente a la audacia del conocimiento europeo en su época de brillo, en los momentos en que imperialmente llegaba a todo, lo abarcaba todo. España siguió recogida en sí misma, pobretona, al margen de tanta magnificencia. Era imposible que participara en ella, imposible también que no dejara de resistir en la forma espléndida, como sabe hacerlo cuando hace falta: resistiendo pasivamente, no dándose por enterada, prefiriendo su pobreza, acogiéndose a su silencio, metiéndose en sí misma. En esto ha sido, sí, ejemplar.

Su forma de conocimiento poético seguía su curso, mientras tanto por los caminos más insospechados, caminos que son a veces vericuetos. Conocimiento poético en que ni se escinde la realidad, ni se escinde el hombre, ni se escinde la sociedad en minorías de selección y masa. Si en algo ha conservado España su unidad, ha sido la unidad de la gracia. Bien poco vale para el español aquello que sólo se debe al esfuerzo; es como un saber ilegítimo, un saber desgraciado en que se muestra más la presunción del hombre, su vanidad o su soberbia, que la verdad; un saber que no es deseable.

El conocimiento poético se logra por un esfuerzo al que sale a mitad de camino una desconocida presencia, a mitad de camino porque el afán que busca esa presencia jamás se encontró en soledad, en esa soledad angustiada que tiene quien ambiciosamente se separó de la realidad. A ése difícilmente la realidad volverá a entregársele. Pero a quien prefirió la pobreza del entendimiento, a quien renunció a toda vanidad y no se ahincó soberbiamente en llegar a poseer por la fuerza lo que es inagotable, la realidad le sale al encuentro y su verdad no será nunca verdad conquistada, verdad raptada, violada; no es *alezeia,* sino revelación graciosa y gratuita; razón poética.

En realidad, el español solamente es capaz de encontrar su equilibrio de conservar la fluidez de su vida por la poesía, por el conocimiento poético de las cosas y los sucesos que le incorporan a la marcha del tiempo. Si se hace racionalista se encierra, pierde su fluidez y se hace absolutista, reaccionario, enemigo de la esperanza.

Cuando un español se aparta de esta vivificadora corriente en que se unifica con su pueblo, cae en ser minoría. Cae, sí, pues de verdadera caída se trata. En España, perder la comunidad con el pueblo conduce tan sólo a desviar la ruta o a estancarse en el escepticismo, como es bien fácil demostrar.

Equilibrio individual y comunidad. Por el conocimiento poético el hombre no se separa jamás del universo, y, conservando intacta su intimidad, participa de todo, es miembro del universo, de la naturaleza y de lo humano y aun de lo que hay entre lo humano, y aun más allá de él.

Pero este conocimiento poético maravilloso, confesémoslo, no es mucho más todavía que una promesa, porque no había sonado su hora. De su plenitud puede surgir toda una cultura en la que ciencia y conocimientos hasta ahora errabundos, como la historia, sean la médula; en la que ciencias como la Sociología, nacientes aún, alcancen su pleno desarrollo; en que el saber más audaz y más abandonado sea por fin posible: el conocimiento acerca del hombre.

Conocimiento del hombre que no será sino el movimiento de reintegración, de restauración de la unidad humana hace tiempo perdida en la cultura europea. No hace falta insistir en mostrar la atomización de todo lo humano, la tristísima fragmentación a que se ha llegado, primero en el pensamiento, luego en el arte. Y por último en el hombre mismo, en el hombre vivo al cual se ha mutilado con la más horrible de las mutilaciones, extrayéndole su dignidad, su primacía moral. La moral es convertida en pura fórmula social sin contenido vivo y actuante, o en vacía desnudez, que llaman «cinismo». Y tal vez sea esto último en tal situación lo mejor. Recordemos a Nietzsche cuando decía: «Hay un género de nobleza que pueden tener las almas toscas: el cinismo».

Como signo y manifestación de una crisis tan profunda como aquella en que naciera, resurge en Europa el cinismo y precisamente en los medios más altamente intelectuales. Y es lo mejor, pues al menos permite, y aun ofrece, un claro diagnóstico patente para todos los entendimientos. Pero no deja por eso de mostrar el mismo mal, el mismo parcelamiento humano que ha hecho posible la magnificencia de la técnica, el esplendor inclusive de la ciencia, mientras el hombre cada vez más miserable desaparece asfixiado. Tal cultura no puede, no podrá salvarse a sí misma.

Necesita para su continuidad esta cultura que vaya en su ayuda aquella otra que se ha mantenido tan valerosamente al margen como una hermana cenicienta: necesita alimentarse de lo que desdeñó.

Confiemos en que suceda así y en que suceda, según parece, del modo más congruente con esta dispersa y humilde cultura española: dispersamente, lejos de Europa y fuera de la tierra matriz. España, maestra en la dispersión y en la prodigalidad, cumplirá sin duda su obra de acuerdo con su íntima esencia, prodigándose y dispersándose, sembrándose, desapareciendo en la oscuridad para fecundar y fecundarse. De la soberbia española, nuestro más terrible pecado, salió el absolutismo, cascarón muerto de la verdadera España, final de una ruta sostenida por una soberbia obstinación. De la melancolía española, de su resignación y de su esperanza, saldrá quizá la nueva cultura.

Es la cultura que anuncia la España del fracaso, la más noble o quizá la única enteramente noble. Tenía forzosamente que fracasar porque ha ido más allá de su época, más allá de los tiempos; hay un ritmo inexorable de la historia que condena al fracaso a todo aquello que se le adelanta, que le desborda. Fracaso en razón de su misma nobleza, y de su insobornable integridad, también porque en el fracaso aparece la máxima medida del hombre, lo que el hombre tiene tan desprendido de todo mecanismo, de toda fatalidad, que nada puede quitárselo. Lo que en el fracaso queda es algo que ya nada ni nadie puede arrebatar.

Y este género de fracaso es la garantía justamente de un renacer más amplio y completo. Del conocimiento poético español puede surgir «la nueva ciencia» que corresponda a eso tan irrenunciable: la integridad del hombre.

# La cuestión del estoicismo español

Ya que es imposible tratar por la brevedad del tiempo de todas las cuestiones enunciadas en el sumario de estas conferencias, será lo mejor para conservar, en lo posible, la unidad y la coherencia en materia tan compleja y tan abundante en tentaciones, ceñirme en esta hora que ustedes me conceden tan gentilmente a una única cuestión de las enunciadas: la cuestión del estoicismo español.

De todos los problemas de la vida y del pensamiento español, pocos tan apasionantes, pocos que salten a nuestra atención reteniéndola con tanta fuerza. Y es porque lleva consigo la razón o el racimo de razones de la conducta del hombre español frente a la muerte, la razón de su manera de morir, tanto o más que de su manera de vivir. Y esto en un momento en que la muerte parece haberse adueñado de España. La razón de la manera de morir de muchos españoles, de su suicidio. Algo que si es grave tratándose de individuos, ¿qué no lo será aplicado a un pueblo, a todo un pueblo que parece haber tenido como ningún otro esta capacidad ilimitada de suicidio? ¿O no es acaso suicidio?

Sea o no sea suicidio, cierta entrega a la muerte de que es capaz el español en grado increíble, es lo cierto que enlazado a ello y en ello mismo va lo más hondo de nuestro ser, la más grave cuestión y la más trascendente de nuestra vida y de nuestra historia. Hora es ya de acercarnos a ella como debemos acercarnos a todos los arcanos: con valor y respeto.

## El estoicismo español

Con la ligereza con que tan a menudo se han tratado las cosas de España, se ha dado por sabido muchas veces que el estoicismo constituye el fondo de nuestro más íntimo ser, aquello que da unidad a nuestra historia, viva continuidad a nuestra moral, estilo a nuestros actos. Afirmado esto por extraños, es una ligereza más que, como en tantas otras cosas, viene a ser lo usual, aunque en este caso sea más disculpable, por aparecer con tanto brío y persistencia notas del carácter español que pueden coincidir con lo estoico. Afirmado por los propios españoles, en cambio, adquiere ya caracteres de confesión, de declaración, que puede arrojar alguna luz sobre esta extraña condición española de ser un pueblo siempre incógnito.

Aparecen abundantes motivos para esta consideración. La serenidad, la entereza y naturalidad con que el pueblo español atraviesa los trances amargos que con tanta prodigalidad le ha deparado el destino, coinciden con la idea que comúnmente se tiene de la moral estoica –nervio y justificación de toda su doctrina–. Y cuantos hayan escuchado el lenguaje del hombre anónimo de Castilla y de la escueta Andalucía, habrán tenido la sensación de escuchar, vivo y como brotando de su fuente, el lenguaje cortado y llano de Séneca sobre el abismo de la diferencia idiomática. Y si algún nombre de sabio vive todavía perenne en la memoria de nuestro pueblo, como encarnación de la sabiduría misma, es éste de Séneca, que ninguna avalancha ha borrado ni es fácil que borre. El estilo de nuestra vida sobria, vida de hombres silenciosos enteros y pensativos, sentados a la puerta de su casa o caminando a solas con sus pensamientos bajo el alto cielo español, parece estar de acuerdo con esta doctrina estoica que el mundo olvida y recuerda alternativamente en forma digna de ser notada.

Parece, por tanto, que existiera un canon moral, y lo que sería más significativo: un estilo de manifestarse aún más allá de la moral. Estilo coincidente con la idea común del estoicismo. Habrá que recordar brevemente qué es lo que ha quedado de esta doctrina.

De todos los sistemas filosóficos de la antigüedad clásica, el estoico es el que ha alcanzado mayor difusión, atravesando las fronteras de la pura filosofía para llegar a la masa culta que, de un modo formal, no se ha entregado a la especulación filosófica. Se podría afirmar, tal vez con alguna precipitación, que el estoicismo ha alternado con las distintas modalidades del platonismo en ser el alimento filosófico de mayor consumo entre los no filósofos de oficio. Pero mientras que el platonismo ha enlazado a menudo con la religión, y con frecuencia por vías de heterodoxia, especialmente con la forma mística, el estoicismo, por el contrario, ha sido el pensamiento laico, la zona que pudiéramos llamar más neutral.

En España, tendremos que separar inmediatamente el estoico consciente, definido, manifiesto, del popular; el estoicismo, en suma, sabio, del estoicismo popular, que parece correr en una tradición honda, a veces analfabeta. El estoicismo sabio ha significado, en efecto, el lado laico de nuestra cultura y el casi exclusivo pensamiento filosófico, fuera de los que se desarrollaron al calor de las religiones conocidas que han poblado la Península. Cuando el español no ha vivido dentro de una religión, ha venido a ser fatalmente estoico.

Los ejemplos abundan a lo largo de nuestra literatura, siendo más difícil establecerlos en la época del dominio absoluto de la iglesia católica, pues que tendremos que encontrar el estoicismo, y lo encontraremos en efecto, allí donde abiertamente sólo se manifiesta un espíritu netamente cristiano, y es más, lo encontraremos hasta en la mística. En el siglo XIX, en cambio, la línea estoica, que es la línea de suicidio (Larra, Ganivet), se marca con más claridad. ¿Significa esta actitud estoica un desengaño de la religión o comporta un principio distinto, algo persistente, toda una línea histórica, toda una posibilidad? Al hacer esta pregunta no pensamos, claro es, que la doctrina estoica, el sistema filosófico del estoicismo, vaya a depararnos nuestra salvación, sino que queremos ver qué sustancia humana vive bajo tales pensamientos, de qué han sido síntoma su aparición y reaparición en nuestra cultura, y qué manera de actitud humana ante la vida significa esa, al menos aparente, coincidencia del pensamiento y conducta de nuestro pueblo con el estoicismo.

Hay varios indicios de que el pueblo español tienda hacia el estoicismo. El hecho cierto de que el nombre de Séneca sea la figura más popular de sabio, o tal vez la única; el que su nombre signifique en la cultura analfabeta la sabiduría misma; y otra suerte de argumento todavía más concreto y real: un hombre. Lo que pudiéramos llamar el «pensador de pueblo», el hombre empapado de sabiduría, «corazón maduro/ de sombra y de ciencia» –que dice Machado–, que ha sido la sal de la vida española. ¿Es estoico este hombre? ¿Corresponde al módulo del estoicismo eso que el español no letrado entiende por «filosofía»? La apariencia primera nos diría que sí, pero conviene acercarse un poco, detenerse y contemplar los rasgos, los finísimos rasgos de este personaje, a cuya evocación la vida entera de España, de sus pueblos y aldeas, de sus cortijos y hasta su campo mismo, sus olivares y encinares, cobran viva presencia.

## ¿Qué es filosofía para el pueblo? Idea popular del sabio

Cuando en España se dice, o le dicen a alguien, que hay que ser filósofo, ha de entender que es preciso soportar serenamente, y con un tanto de sorna, algo muy difícil. Para el pueblo español, filosofía es algo que tiene mucho que ver con los reveses y tropiezos de la vida; en un mundo feliz no sería menester ser filósofo. No es, pues, la filosofía un afán de saber, sino un saber resistir los azarosos vaivenes de la vida; es una forma serena, sabia, de acción. Es una conducta. Conducta basada en ver de los acontecimientos su cara y cruz; en ver la vida como un tapiz al que hay que dar la vuelta.

De ahí la sorna, la malicia del buen filósofo. Soporta lo que viene, con entereza, con serenidad comedida, con dignidad sobre todo: parece estoico. Pero se burla de aquello que tan dignamente soporta, lo mira de frente para hacerle frente, y luego de soslayo, como si ya lo estuviera viendo marcharse, como si le estuviera cogiendo las vueltas; unas vueltas contradictorias que se desmienten a sí mismas. El filósofo de pueblo opone su serenidad, su identidad sostenida, que es su entereza, a la contradicción de los azares del mundo; se burla desde su integridad, de la veleidad de los acontecimientos. Y este burlarse ya no es estoico.

Puede parecer más bien cínico, sobre todo si se mira a las apariencias: un hombre envuelto en una amplia capa de paño deslucido y quizá desgarrado por algunos jirones; la mirada brillante y de través, la sonrisa esbozada, una sonrisa que ha borrado apenas un pliegue de amargura, pudiera ser cínico. Mas no lo es. El cínico no se siente obligado a sobrepasar los acontecimientos; los testimonia simplemente; dice, y grita más que dice: ¡Eh, que aquí está pasando esto! Es un mártir algo descarado, pues que exhibe sus martirios y los extrema; es un mártir extremista. Y el filósofo que hay que ser en España, cuando vienen las malas, no grita ni manifiesta nada, ni tiene nada de extremista. Sonríe con burla leve. Y esta burla impalpable es la sabiduría más madura, la flor de toda una civilización.

Intervienen en este tipo de sabio popular dos creencias que nadie de los ya conocidos, de los que han vivido ante nuestra vista en muchos siglos, han adquirido por su propia reflexión. Una, las cosas cambian; los acontecimientos mundanos mudan, se contradicen, se desmienten a sí mismos y con ellos también los hombres que no han sabido ser filósofos. Otra, hay que mantenerse idéntico; los acontecimientos no pueden mellar el fondo de tu ser; el ser es el mío; yo soy quien es verdaderamente, y lo demás, sólo vaivén, sombras y engaños, aunque me dañen y traigan pena. Pero este mi ser no es invulnerable; he de sostenerlo a través, precisamente, de los vaivenes y engaños, y ha de verse comprobado en el trato con ellos; ha de medirse con ellos continuamente, y ganarse a diario su verdad.

El saber que nace de aquí es una meditación acerca del mundo y sus mudanzas, una meditación acerca de las apariencias, que roza como género literario con la novela ejemplar. Es una meditación figurada, dramática, en la que el error, las ilusiones de nuestra mente y los engaños del mundo, se van descubriendo como en un teatro, el «gran teatro del mundo», con gran sencillez. Es una forma sentenciosa, alargada, más teatral y menos picaresca, del apólogo.

En esta corriente de filósofos populares, de meditadores pueblerinos, de sabios de pórtico y plazuela, se ha asentado la verdadera ciencia española, el saber que hacía conllevable la vida y mantenía despierta la reflexión. Mientras ha quedado un grano de este saber, ha sido suficiente para equilibrar tanta locura y desvarío como brotaba incesantemente de nuestro suelo. España se ha mantenido por él, sostenida al borde del despeñadero, de ese despeñadero que desde tanto tiempo la aguardaba. Es la verdadera filosofía española y a través de su corriente escuchamos correr el agua viva que en hilo sutil viene desde el mejor de los Sócrates: el de la *sofrosyne* y el de la ironía.

## El estoicismo antiguo

Pero antes de seguir con la cuestión del estoicismo español, se hace necesario ver qué ha significado el estoicismo en el mundo antiguo.

Lo más característico del estoicismo es que no es un origen, sino un resultado, de toda una filosofía anterior, por una parte, y, por otra, de unas críticas circunstancias sociales. Teóricamente viene a ser la recapitulación de los conceptos e ideas fundamentales de la filosofía griega, y por ello mismo, comunes a todos los sistemas; es el zumo que arroja al ser exprimida la filosofía griega cuando alguien quiere saber a qué atenerse. Tal comunidad no creemos que signifique eclecticismo, tal como suele entenderse. Y aun es posible que el eclecticismo tenga otra significación histórica poco comprendida: la de poner de relieve que nada de todo aquello que quiere cohonestar tiene ya vigencia y que es solamente la ausencia, la falta de otra verdad central, de otra revelación, lo que hace sentir como insuficientes aquellas doctrinas. Y así se quiere remediar con la mezcla de todas ellas al mismo tiempo la insuficiencia de cada una.

El caso que nos importa es que, el hecho de que el pensamiento estoico llevara consigo las ideas y conceptos que son el común denominador de la filosofía griega, pone de relieve que el estoico era no otra cosa que el hombre medio que, al quedarse sin ideas religiosas suficientes para sustentar su vida, encontrándose en desnudez y desamparo, en duda y confusión, se vuelve hacia el riquísimo tesoro del saber filosófico, demandándole el conocimiento necesario para sostenerse en la vida, cada vez más cambiante y complicada; algo así como el pan de cada día. El pan de cada día que es la moral, descendiendo a la vida prolija y humilde, desde el alto cielo del *logos*.

En este sentido, significa el estoicismo en sus orígenes, dentro de la cultura clásica, un fenómeno de laicismo y popularización. La filosofía sustituye a la religión y al mito, sustituyendo también a la tragedia; las ideas halladas por la filosofía van a regir la vida íntegra del hombre; por vez primera van a regular sus costumbres y a dar una continuidad y hasta un estilo a sus actos; van a ser las que le eduquen para la vida y le preparen para la muerte. Junto con su hermano el epicureísmo, constituye el mayor intento de vivir según la filosofía, de trasladar a la realidad completa de la vida, a los negocios del Estado, a las pláticas de la amistad, a la delicia de los placeres privados, el pensamiento de Academias y Liceos. Herederos directos de Sócrates, vinieron a cosechar el fruto de su muerte. Pero en Sócrates se escuchaba aún la voz de su demonio interior, la voz de la profecía que hizo de él algo tan enigmático como es un profeta de la razón; de la razón sí, pero profeta. Sócrates no tuvo nunca el laicismo razonable y un poco desolado de sus herederos estoicos, cínicos y epicúreos.

Y lo que en Sócrates fue idea del sabio aristocrático, aunque callejero, en el estoico fue la popularización de esta idea. Fue en rigor la filosofía más parecida a una religión, ya que popularizó una noción del hombre y fundó sobre ella toda una doctrina asequible. Mas no solamente asequible, sino por primera vez con pretensiones de universal popularidad. Una doctrina que pedía la adhesión de todo hombre digno, de todo hombre. La idea de sabio estoico pretendía ser coincidente con la del hombre en general; era, pues, una definición del hombre dada desde un horizonte humano, por primera vez.

Por eso pudo satisfacer a ese hombre de la calle culto, del soportal, no filósofo, que se volvió hacia la filosofía para pedirle un modelo de vida, una certidumbre. Para poder darle esto tuvo la filosofía que encontrar antes una noción unitaria y fundamental, respecto de la cual todas las demás eran dependientes y secundarias, y esta noción fue la de hombre: la nueva medida. Sin divinidad que fijara el canon de vida, desligado ya de los aterradores vínculos de sangre, de la moral trágica de la estirpe, de la gracia y el remordimiento perseguidores del alma de los héroes de Esquilo, el hombre desamparado y libre, necesitó ante todo saber qué era ser hombre, adquirir conciencia de sí, tener una noción y una imagen, una figura.

Y la filosofía clásica contestó como mejor pudo a la demanda, dando una noción del hombre referida a lo que había sido el objeto fundamental de sus investigaciones: la naturaleza. La noción del hombre como naturaleza, como algo embebido en el cambio constante de la naturaleza, en el devenir incesante de su movimiento. No otra cosa que naturaleza era el hombre. Análogo a ella, es decir: cambio y ley. Su ser planteaba el mismo problema que el de la naturaleza: encontrar la unidad bajo la heterogeneidad aparente.

Mas, por muy análogo a la naturaleza que sea el hombre, por más que los componentes de su cuerpo sean los elementos, resulta que los componentes inmediatos, aquellos en cuya alteración se siente naufragar, no son los elementos cósmicos, sino algo más cercano a sí mismo: las pasiones. Del vaivén de sus pasiones era de lo que tenía que salvarse, y dentro de su heterogeneidad dolorosa era donde tenía que encontrar y fundar su unidad, que vale tanto como decir su ser.

Esta noción del hombre es la nueva medida y el punto de vista nuevo desde el cual se aprovechan los conceptos de los filósofos anteriores y toda otra posible intuición. No se trata de un eclecticismo por mezcla o yuxtaposición, sino que su capacidad de asimilar lo común de diferentes doctrinas ha sido engendrada en virtud de una nueva situación que convierte en decisiva a una idea, que coloca en el centro a una noción y la hace ser medida de todas las demás.

Y así, toda la exigencia del hombre con el hombre vino a recaer sobre la *serenidad,* que es la identidad del alma humana consigo misma; sobre la impasibilidad ante los estímulos de fuera. El dominio total del movimiento de las pasiones; en suma, en conseguir, a costa de todo, un alma invulnerable.

La serenidad, la «apatía» del sabio, significa la unidad del hombre, unidad análoga a la de la naturaleza, pero que, a diferencia de ella, hay que conquistar. Esta esencial diferencia entre la naturaleza ya hecha del cosmos y la naturaleza humana que es preciso ser sabio para lograr, no pareció ser muy captada por el estoico, que vio solamente la analogía entre la naturaleza humana y la cósmica.

La serenidad, pues, era cuestión de ser o no ser; mediante ella el hombre lograba su naturaleza. Era una virtud esencial por la cual el hombre entraba en perfecta armonía con el cosmos.

Pero había en esta noción del hombre una limitación del ser humano, una conciencia de su finitud en medio del cosmos. Una firme y clara conciencia de la limitación del ser hombre, que se encontraba cercado, rodeado, reducido a una condición de parte o miembro de un gran organismo: el cosmos, dentro del cual no hallaba espacio para una vida futura, para un desarrollo de lo que él llevaba en sí de específico. Ser hombre, para un estoico, es algo como ser cosa. La única condición propiamente no natural, fuera de lo cósmico, era, no la serenidad, sino la dignidad. Dignidad que era la única exigencia, la única condición que imponía al cosmos para continuar habitándolo. Por la dignidad quedaba el hombre como criatura singular en el universo, no absorbido totalmente por él.

La serenidad le sumía dentro del mundo cósmico, le hacía ser una nota más en la armonía de las esferas; significaba el apaciguamiento, el pacto entre el hombre y la tremenda naturaleza. Por la dignidad, el hombre quedaba exento, con una puerta abierta a su libertad íntima, por donde le era lícito escaparse. La puerta de la muerte.

Porque un estoico no podía admitir la angustia que los modernos han confesado hasta hacer de ella la estancia fundamental de la vida, hasta declararla como aquello en que se encuentra flotando la desnudez desamparada del hombre. Un estoico no podía tampoco aceptar la desesperación, ni la conciencia del propio vacío; un estoico tampoco puede ser humillado. Si aparecía la angustia, la vaciedad o la humillación, el estoico se entregaba con su última serenidad a la muerte. Había algo que le parecía más anonadador que el morir: el vivir prisionero.

Por horror a lo que juzgaba la disminución de su ser, el temor de perder la «apatía» del sabio que le hacía tan invulnerable como la naturaleza, el estoico se entregaba al reposo absoluto, reintegrando de su ser lo individual. Lo semejante volvía a lo semejante: el agua a lo húmedo, el calor al fuego, lo sólido a la tierra. Como un buen pagador devolvía lo que no era suyo. Cita de elementos diversos era el hombre y diríase que se sentía en paz al entregar cada elemento a la unidad originaria de donde habían salido. De él, del hombre concreto y particular que llevaba este nombre o el otro, que es hijo de unos padres y de una patria determinados, nada quedaría probablemente. Después de haber vivido como aquel que ocupa una casa que no es suya, devuelve a cada uno de sus dueños los útiles de que se ha servido, paga lo que debe («No olvides sacrificar un gallo a Esculapio») y parte para descansar en paz. Nadie puede detenerle a la salida.

Moral de peregrino que sabe que nada suyo tiene. Que sabe no ha sido creado especialmente, sino que es un conjunto de elementos que al romperse la frágil unidad (reforzada con su virtud), tienen ellos un lugar adonde reintegrarse.

Es la mayor conformidad con la muerte que haya existido; su aceptación más completa, su justificación más total. Pasa el hombre por la vida como la luz por un cristal, y sólo hay que cuidar de que ese su paso no deje empañada su transparencia, ni marcada su huella. La gloria más consecuente para el estoico es el silencio.

Aceptación total de la muerte. El hombre se sabía limitado y se resignaba a morir. La idea de naturaleza, y la del hombre como nota de ella, había construido un orbe de perfecta objetividad, un mundo perfectamente inteligible, donde nada privado había. «El sabio no es nunca hombre privado», decía Marco Aurelio. Y así era; el sabio era el hombre que encontraba menos rincones dentro de sí. Todo en él era canjeable, comunicable; lugar abierto. La estructura de su alma se parece a la de las casas espaciosas, llenas de galerías y corredores, llenas de aire, del Oriente y de Grecia; la casa en que el centro es el patio: nada oculto, ninguna intimidad. El sabio no tenía nada suyo; todo él estaba convertido en lugar de comprensión para la perfecta objetividad de un orbe penetrado de razón.

Había conseguido desvanecer, no sentir siquiera como problema, eso que es problema máximo del filósofo moderno, y más a partir del romanticismo: el yo. Transparente, sin nada privado, sin intimidad, embebido por la serenidad en la calma de la naturaleza, esa calma que conserva por encima de toda alteración, y libre siempre, con la retirada abierta por virtud de la dignidad.

## El suicidio estoico

En rigor, el hombre hace renuncia de su infinitud, de su existencia. Es un suicidio ante la objetividad; deja de existir para que yo, la razón, la naturaleza, existan por completo. En la dualidad en que el hombre al fin se ha visto colocado siempre, por grande que haya sido su voluntad unitaria, en la lucha frente a lo que no es él, el estoico ha tomado una actitud de nobilísima resignación suicida. La objetividad, y con ella la comunidad entre los humanos, triunfaba plenamente; de ahí que el estoico se sienta comunicado con todo hombre por encima de familia y patria; lo privado no existe; sólo lo general, lo que en el hombre es análogo a la naturaleza y análogo en cada hombre. Lo individual ha sido inmolado en aras de lo común. Es una forma de suicidio que en España se repite con frecuencia en los mejores de sus hijos, o al menos, en una especie nobilísima de sus hijos, una forma de suicidio que a veces se desliza por lo que es su contrario: la mística, la más ortodoxa mística cristiana. Hay toda una corriente del catolicismo español (condenada por la Inquisición) donde resplandece extremada esta resignación, esta renuncia. Entonces la naturaleza se llama Dios. El mismo horror a lo que se diferencia y distingue; el mismo temor a que lo que es *algo* melle la serena permanencia del todo. No; que solamente ese *todo exista, aunque se llame nada*.

## Estoicismo español culto

Toda una línea de estoicos cruza por nuestra literatura ocupando dentro de ella el lugar más culto precisamente. Ya en el origen del estoicismo fue a enriquecerle en su nacimiento la figura de Séneca, cordobés que vive todavía en el aire quieto y transparente de su ciudad, en el sereno comedimiento de sus graves y meditativos hombres. Creador allí donde brillaba la máxima cultura de aquel mundo. Es el tipo del provinciano que llega de su rincón a colonizar la metrópoli, a imprimir su huella en lo más universal y brillante. No fue únicamente Séneca quien realizara esta hazaña; la España provincial dio al Imperio aquello de lo que el Imperio podía enorgullecerse más. Los conquistadores, como muchas veces sucede, quedaron a su vez conquistados.

Por todo esto, en Séneca se transparenta más que en ninguno otro el cariz de esta resignación. Su vida brillantísima, colmada por la fortuna, ¿de qué había de resignarse? Y sin embargo, nadie como él llegó a mayor grado en este sentido; sus *Epístolas,* sus *Consolaciones,* son modelos de técnica perfecta para llegar a la serenidad; son de un arte sutilísimo, seguro para alcanzar la resignación; tan sutil y seguro como muchos siglos más tarde lo habían de ser *Los Ejercicios* de otro español que también conduce a la total entrega, aunque por diferente camino: San Ignacio de Loyola.

La originalidad de Séneca se vertió en una como vaga esperanza más allá de las puertas de la muerte, una mayor apertura a la esperanza. Era original y vigoroso, inconfundible en el estilo, hasta tal punto que muchos no ven en Séneca sino el escritor de estilo sutilísimo y elegante. Mas, por mi parte, confieso ver en Séneca, antes que todo esto y por encima de ello, un curandero, *un curandero* magnífico que con método sutil, flexible y exacto conduce las almas de sus discípulos y amigos por un desolado y aquietador camino. Su filosofía es un arte medicinal, ante todo. Continuamente, con reiteración sospechosa, la palabra «curación» aparece y vuelve a aparecer en sus escritos. Su profesión verdadera es la de confesor. Cuidador de almas, las que con método incansable, sin fatiga, se dedica a fortalecer para que soporten la vida y para que se prevengan ante lo inevitable: la muerte.

Filosofía de mediador es la suya. La verdad, el *logos* de la filosofía platónico-aristotélica, ha descendido a una modesta razón, para el consumo inmediato del hombre que lo necesita. El *logos* se ha hecho consolador. *Logos* nada imponente, casi humilde, a la medida del hombre. Para que el hombre se resignara a no existir, para que se conformase con su finitud después de haberse conformado previamente a todas las disminuciones que hubiera de inferirle la vida (menos a la de la dignidad), tenía que ir de la mano de lo más alto, de aquello ante lo cual se inmolaba. El hombre no puede resignarse tan serenamente sino ante algo hecho a su medida. Cuando el *logos* ha estado situado en lo alto, inaccesible, no ha habido resignación sino angustiosa lucha por verle la cara, cuerpo a cuerpo en las tinieblas. Y fue preciso que, en duda y agonía, el depositario de *logos* se encarnara, que se hiciera carne y dolor, la esperanza.

Séneca en sus *Consolaciones* deja entrever un hilo de esta esperanza sabiamente enlazada en los arabescos de su resignación. Nada hay en concreto sobre lo cual fundar la esperanza, pero no se cierra a ella como otros de su misma escuela. Pues, al fin, lo que parece importarle no es la filosofía sino el hombre desamparado que ante sí tiene. Su intelecto tan viril hasta en su estilo, funciona maternalmente. Se inclina con esa comprensión flexible de la madre, viendo en el hombre, por colmado que esté de dones y fortuna, lo que a una madre nunca se le oculta: su desamparo. El antiguo «Padre» de la religión griega ha desaparecido, y el otro, no está todavía presente. El hombre está solo, tiene que responder él sólo de sí; tiene que adquirir entereza y responsabilidad. Y estas cualidades tan varoniles son inculcadas maternalmente, con perspicacia y ternura insólitas. Constituye la nota más verdadera del entendimiento español, esta maternidad vidente de la debilidad del hombre, esta inteligencia misericordiosa, incapaz de despegarse de la necesidad inmediata y humilde de cada día, apegada a lo menesteroso y que para funcionar, para inspirarse, diríamos que precisa sentir una urgencia en torno suyo; sentir que le han de menester.

Al otro cabo de nuestra literatura se alza una fi gura ejemplar, tal vez tristemente ejemplar, «San Manuel Bueno», el cura sin fe de don Miguel de Unamuno. Y es inquietante que cuando don Miguel, tan antiestoico, quiere mostrar una figura hispánica, un español apegado a su pueblo, imagina a San Manuel Bueno. Y es más inquietante todavía que cuando don Miguel de Unamuno quiere descubrir un camino de salvación popular, encuentre sólo éste de la fe sin esperanzas del pobre San Manuel Bueno. Fe sin esperanza, fe sin padre. San Manuel Bueno es también una madre; su religión es la de Séneca. Antes que fe, caridad, así como la filosofía de Séneca, antes que conocimiento, es consolación. Pero ¿le será posible a un pueblo existir con sólo esto, aunque sea mucho? ¿No habrá ninguna verdad capaz de fundar y sostener la esperanza de un pueblo? Es sobremanera grave en don

Miguel de Unamuno esta concepción de «San Manuel Bueno» en él, sustentador de una religión de la esperanza, de una religión en que la supervivencia individual es la única preocupación. ¿Es que acaso creyó en sí mismo, y no pudo a pesar de todo, creer en su pueblo? Sus últimos días en la triste Salamanca, su muerte en soledad y melancolía, nos dicen tal vez demasiado. En todo caso, «San Manuel Bueno» repite dentro de la aparente ortodoxia católica, bajo el manto de la Iglesia, la figura de Séneca, curandero ante la desolación.

## Renacimientos estoicos

De todas las doctrinas filosóficas, ninguna que ofrezca la particularidad del estoicismo de originar a lo largo de los siglos sucesivos renacimientos. Otras doctrinas filosóficas ofrecen una línea de continuidad ininterrumpida, aunque con períodos de mayor o menor brillantez y fecundidad. Otros sistemas, por el contrario, han quedado acabados y su influencia agotada hace tiempo. Sería de gran interés estudiar alguna vez la vida de los sistemas y doctrinas de la filosofía y aun la vida, la biografía de las ideas, de cada una de las ideas fundamentales. No es este el momento, indudablemente, de ingresar en tan atrayente tema. Pero sí hay que señalar la peculiaridad del estoicismo de renacer. Tiene sus períodos de apogeo y sus períodos de olvido durante los cuales nadie apenas lo nombra ni recurre a él (nadie entre los cultos), pues de estoicismo culto estamos tratando. Mas, luego adviene otra época, y de pronto, el estoicismo olvidado se hace presente y actual.

Si nos fijamos algo más, veremos que no es entre los estrictos profesionales de la filosofía en quien esto tiene lugar. Los renacimientos estoicos no ocurren, al parecer, porque dentro del área de la filosofía, más o menos académica, surja un problema que haga acudir a las doctrinas estoicas, ni porque ningún concepto reclame ser esclarecido por conceptos usados en el estoicismo anterior. Nada de eso; surge fuera del área de la estricta filosofía, en el medio que pudiéramos llamar de hombres cultos, no especialmente filósofos; en la calle, aunque en una calle de la ciudad de la cultura. No en virtud de necesidades nacidas de la historia de la filosofía, sino por necesidades humanas. Por situaciones críticas que, al igual que el hombre de la calle del final del mundo antiguo, se vuelve a la filosofía en demanda de una noción fundamental en que apoyarse. El hombre culto, pero de la calle, es decir, el hombre vivo que hay debajo de la cultura, recurre al estoicismo. Y además, no es preciso un conocimiento de los estoicos anteriores, no es preciso a veces ni usar el nombre. Y con frecuencia el mismo que recurre al estoicismo, no sabe lo que hace. Lo hace por una necesidad que brota de las circunstancias en que está viviendo, sin pararse a considerar el verdadero sentido de ello y hasta creyendo que es otro muy diferente.

Y es que el estoicismo es un fenómeno propio de crisis histórica, ante todo. Indica que algo se ha ido, que el hombre se encuentra de nuevo en soledad, al mismo tiempo que rodeado de una riqueza cultural extraordinaria. No se concibe el estoicismo naciendo como algo primario de una cultura. No será jamás una aurora, sino un ocaso; si bien un ocaso que no llega a ser decadencia, porque significa eso justamente: un acopio de entereza para no caer. Un esfuerzo máximo para seguir en pie hasta el último momento.

Y lo más impresionante es que el estoicismo tiene este carácter de aguardar en pie la muerte, no en individuos aislados, sino en generaciones enteras, en momentos históricos. Diríase que es una cultura la que se dispone a morir con dignidad, aunque a veces no llegue a tanto, pues la crisis no alcanza a toda una cultura. Puede haber una crisis interna, crisis tal vez de crecimientos.

Para que sea considerada así, como filosofía de crisis histórica, hay varios motivos. Uno: el que indica con su predominio exagerado de la objetividad que ya se ha ido echando en falta. Segundo: que ante esta situación no se toma una actitud audaz, creadora, sino resignada, que vale tanto como decir reaccionaria, en el sentido estricto del término; que nace en vista de otra cosa, que es una respuesta, una contestación más o menos adecuada, no un comienzo creador.

Y el hecho mismo que acabamos de señalar de renacer siempre en los mismos medios, la masa culta, indica que no es virtud de una urgencia técnica de los filósofos, sino que aquello que cobijaba al hombre medio, que vive en la cultura de su tiempo abrigado por unas creencias, se ha quedado sin ellas o las siente vacilar. Algo así como si temblara el suelo que pisa y entonces va a buscar algo *indudable,* no en la esfera del pensamiento, sino en la de la conducta, pues saberse conducir es lo que se precisa. Y para que sea indudable lo que se encuentra, es preciso que sea reducido, que sea nada más lo indispensable. El estoicismo es el traje mínimo del hombre culto de todo tiempo, la túnica escueta, el alimento sobrio, a que se queda reducido cuando los lujos se han disipado. Es la doctrina de la pura necesidad.

No se puede hablar de renacimientos estoicos como se habla del renacimiento clásico del siglo XV. La doctrina estoica precedió en los comienzos del siglo XV al Renacimiento, cayendo después en el olvido cuando surgieron las nuevas ideas, en lo cual se confirma que el estoicismo sea una señal de crisis histórica. Su aparición no está determinada por la conexión lógica con las ideas circulantes, sino al revés; brota como una fuerza espontánea, como algo que nace netamente de lo que el hombre tiene de no culto, de no sabio, de hombre en soledad ingénita.

Y éste es el primer contraste. En la época del primer estoicismo en Grecia, y después en Roma, lo encontramos como producto de una cultura trabajada y esplendente. Sus hombres más representativos llevan una vida social activa, incluso ligada a los negocios del Estado en Roma. Por el momento en que hizo su primera aparición, por los hombres que lo crearon, por los conceptos que usa perfectamente acuñados en anteriores filosofías, es el estoicismo fruto que nace en una cultura en completa madurez.

Y en medio de esta madurez, el estoico es el hombre culto en quien un hombre insobornable que lleva dentro de sí le pregunta: ¿para qué me sirves?, ¿qué quieres de mí?, ¿a dónde me llevas? Y es que el estoico no admite una solidaridad con el mundo social en que se encuentra; no se siente en manera alguna responsable de lo que encuentra ante sí y que está hecho por hombres como él. Por el contrario, toma la existencia como un revés del que hay que salir lo más airosamente posible. En esto linda con el cínico. Sin embargo, no desprecia al mundo, ni se aparta burlándose, como hace el cínico, más próximo en su desesperación al cristiano de los comienzos. Y esto indica que no existe en el estoico ninguna fuerte pasión adversa. Simplemente deslinda su responsabilidad, y colabora en los negocios del mundo condicionalmente.

En esta condicionalidad que impone al mundo social, encuentra el estoico su libertad, libertad que es un recobrar su soberanía sobre sí en caso de que las condiciones no se cumplan. Mas, ¿qué indica todo esto sino una fuerte desconfianza, un estar a la defensiva contra todo lo humano?

Es, en realidad, el comienzo de una actitud revolucionaria, pero sólo el comienzo. El estoicismo jamás ha conducido a ninguna revolución. Por el contrario, cuando ha convivido con ella la ha soslayado cuidadosa y firmemente; tal hizo con el cristianismo. Parte de una situación de soledad, de profunda insolidaridad con el mundo social que hay; es decir, parte de la situación en que nacen las actividades revolucionarias, y el no llegar a ser revolucionario jamás, es una de sus más profundas características. El estoicismo no llega ni a la apasionada desesperación del cínico, ni comporta dentro de sí un principio capaz de fecundar la nueva era, pero ofrece al hombre una fuerza suficiente para traspasar con serenidad los umbrales mismos de la muerte. Le ofrece una seguridad y una serenidad.

## Estoicismo culto español: Jorge Manrique

A mediados del siglo XV se levanta en el mundo una ráfaga de estoicismo; cruza por toda Europa y la atraviesa; se confunde con el ascetismo, porque el estoicismo no necesita adoptar su propia y definida forma, ya que es un modo de consideración, una actitud que se vierte en cualquier género literario imprimiéndole su estilo, un espíritu que atraviesa por igual las páginas ascéticas de la *Imitación a Cristo,* de Kempis, y por las de la poesía prerrenacentista de Castilla.

No es extraño que el estoicismo coincida hasta confundirse con el ascetismo, pues los dos son renunciación, los dos producen el efecto de empobrecimiento en la vida y los dos renuncian sin melancolía. Diríase que el ascetismo significa dentro de la vida religiosa del cristianismo algo análogo a lo que el estoicismo es dentro de la filosofía griega. Los dos vienen del esplendor, se producen bajo la máxima potencia y madurez de algo, y retroceden ante ello señalando su estrechez, recurriendo a su fuente respectiva. Pobreza voluntariamente elegida en la sobreabundancia, porque parte de la desnudez del hombre, de la consideración de sus postrimerías; son pensamientos en vista del fin último; son meditación de la muerte, en lo que tienen de analogía.

En este momento de ascetismo y esplendor del siglo XV se escriben en España las *Coplas a la muerte de mi padre el maestre de Santiago,* de Jorge Manrique; estas *Coplas* de Jorge Manrique cuyo sentido y ritmo, aun antes que sus conceptos, dan la medida del sentir común del español. Una medida, una de las pocas medidas nunca olvidadas, pues a lo que resulta, ningún pueblo más falto de memoria que el español, ninguno con menos cosas comunes en que coincidir. Algún día será la hora de descubrir los motivos de esta escasez que se manifiesta en la vida española de cultos comunes, más notoria todavía en lo que se refiere a nuestra literatura clásica. Pues, siendo gran parte de ella de clara raíz y origen popular, no ha alcanzado popularidad efectiva. Y así, las pocas obras que como las *Coplas* de Jorge Manrique tienen el valor de permanecer durante siglos en el fondo del alma de todo español, formando parte de su sentir, adquieren valor sin límites. Son unos pocos versos nada más de la larga composición, aunque toda ella concuerde con nuestro sentir, pero unos pocos versos (no llegan a un centenar de palabras) han obrado el prodigio de quedar impresos en las entrañas del español: es su pensamiento, su sonido, su sentir íntimo, su ritmo. Y esto es lo verdaderamente grave, pues el pensamiento que tan brevemente se compendia, la actitud que tan claramente se declara, es netamente estoica; lo es, diríamos, hasta en aquello que sugiere. Ritmo inconfundible en que va expresado el ritmo mismo del idioma, la música originaria del lenguaje. Es el metro, la medida, el canon de algo que pudiéramos llamar «lo español», la esencia, la destilación de todo lo verídico de España, su toque de autenticidad como el sonido de la moneda de ley, como la consistencia de la madera de encina cortada en el monte.

Ritmo de fortaleza, de entereza, donde no se vislumbra el más leve intersticio; compacto y flexible. Es la figura de la resistencia humana ante cualquier desventura, es el canto llano del dolor. Mas no es el dolor lo que se expresa en las *Coplas,* sino la meditación engendrada por el dolor. No es un llanto, es un consuelo, es una propedéutica para la resignación, una «Consolación» de estilo senequista. Y, como ella, trae apaciguamiento; es la mano leve de la razón que pasa por la frente abrumada, dulcificando los pensamientos. «Las cosas de que te quejas son iguales para todos; yo no puedo hacerlas más fáciles, pero tú puedes dulcificarlas si quieres», dice el maestro Séneca, citando al maestro de Alejandro en la *Epístola XCI*. «Tú puedes dulcificarlas»... La música de las *Coplas* es ya una dulcificación, con su medida, con su comedimiento que es casi un arrullo para acostarnos en la conformidad.

Pertenecen las *Coplas* al género de las sentencias; son sentires al par que pensamiento, razones de la razón hechas para el corazón, razones del corazón que la razón entiende. Porque la razón estoica es mediadora, y tal vez estribe en esta condición el haber podido encarnar mejor que ninguna otra a la razón española, al entendimiento español, que cuando funciona, no lo hace jamás para remontarse, para alcanzar altura e independencia, a costa de su desarraigo. El movimiento de la razón en España es siempre descendente; como la luz sobre lo que ilumina, cae hasta el mismo corazón oscurecido por la congoja del hombre, y su condición enternecedora es que, siendo razón, funciona como la caridad, como la amistad, como la misericordia. No la diferencia del más puro cristianismo sino el que es la razón quien desciende, la razón impersonal; no el *logos* personal, infinito, encarnado, hecho carne. La razón condescendiente de los estoicos no llega hasta la carne, pues que no se hizo carne sino solamente sentir, sentencia.

Sentencia que encierra en su brevedad toda una doctrina y es la forma más noble y desde luego la más conseguida de popularización: la máxima claridad en tan breve espacio, la máxima libertad dentro de la norma, pues que permite que la espontaneidad se vierta. Y deja establecida una continuidad tan larga como la propia vida.

Las *Coplas al Maestre de Santiago* nos revelan este estoicismo dulcificador en esos pocos versos maravillosos que contrastan con el resto –la mayoría de la composición– y que la memoria del español ha separado. Rememora Jorge Manrique las acciones de su padre y con ellas el trozo de nuestra historia que le sirvieron de marco: la Reconquista. Nada de ello ha impresionado a nuestra memoria, pues la verdad es que apenas ha guardado huella de las más renombradas hazañas, y solamente de lo que concierne a esta rememoración de brillantes sucesos, queda el melancólico: «¿Qué se hizo el rey don Juan / los Infantes de Aragón / qué se hicieron?». Queda lo que, al preguntar llanamente por tanta grandeza, las reduce a la medida común de lo humano: perecer.

Una sutil, apenas perceptible melancolía, corre por las *Coplas;* leve melancolía en la que el estoico no se detiene. Y más que melancolía suya es melancolía de las propias cosas, marchitas, deshechas en polvo, anonadadas por el soplo del tiempo. De este marchitarse, el «ánimo sereno» sólo es espejo; no la subraya con ninguna expresión, ni lo realza con el más sencillo comentario. Y si la refleja esa guisa de ejemplo: «pues que todo ha de pasar / por tal manera».

## La muerte callada

«Todo ha de pasar por tal manera», todo ha de pasar por la muerte, y a este saber hemos de despertar recordándolo, «recuerde el alma adormida». *Adormida,* con esta sola palabra nombra nuestro poeta a ese estado del alma que es la esperanza. La esperanza de perduración, el agarrarse a las cosas que transcurren en el tiempo, es soñar un sueño que es olvido. Todo el movimiento de las *Coplas* nos da la imagen del manso, insensible fluir en que van las cosas, en que va nuestra propia vida. Y tan lento es el fluir, tan sosegado el cambio, que nos permite soñar en el olvido. Olvidando que pasan nos adormimos y hay que despertar. «Avive el seso y despierte / contemplando», pues hay que estar muy despierto para percibir este insensible fluir que al final acaba con todo. La muerte es ese final lento y callado.

«La muerte callada» es un motivo esencial del estoicismo. El estoico rehúye la tragedia y ve la muerte llegar con paso callado, con el mismo paso callado del tiempo. La vida va a dar en la muerte *naturalmente;* el estoico no ve tampoco en la muerte nada sobrenatural. Ni tragedia, ni misterio; la muerte es algo de la naturaleza y a ello hay que acomodarse. La imagen natural de la vida, así nos lo dice. Imagen clásica que veremos aparecer y reaparecer sin cansancio en nuestra literatura. «Nuestras vidas son los ríos / que van a dar a la mar / que es el morir». Con la misma dulzura del agua perdiéndose en el agua, ve la muerte el poeta estoico, lluvia cayendo en el lago, río en la mar, naturalmente, y por ello, irremediablemente. Es la naturaleza igualatoria, el reintegrarse de todas las diferencias, el borrarse de las distancias. Las acciones de la vida en su trascendencia que es la fama, también pasan «aunque esta vida de honor / tampoco no es eternal / ni verdadera».

La eternidad no aparece, a pesar de su declarado cristianismo, declarado sobre todo en las estrofas finales del largo poema, en que la muerte se presenta al caballero prometiéndole la eternidad, eternidad que es ciertamente sólo eternidad; quietud, aplacamiento, reposo. No es ciertamente la perduración de la vida individual y personal de acá abajo, no es su salvación, la resurrección de la carne, la que aparece como a su esperanza cristiana le está permitido y aun encomendado. A pesar de sus imprecaciones a Cristo, la idea natural, naturalista, de la muerte, es la que se manifiesta.

Y es preciso decirlo, si las *Coplas* de Jorge Manrique han quedado impresas en la memoria del español, dibujadas en las entrañas de su ser, es lo cierto que constituye el punto más problemático quizá de nuestra vida, lo más agudo y verdaderamente discutido de las cuestiones. Porque no todos quieren «morir tan callando». Y el desesperado ibérico que arroja la bomba, el hondero de dinamita, el que se lanza a la desesperada, «a lo que sea», no quiere morir callando. Este «a lo que sea» es lo que sea con tal de no «morir tan callando». Y es en verdad contra este sentido de la muerte como algo natural, contra lo que se ha revelado el español cuando se ha hecho revolucionario. Las revoluciones, cuando tienen sentido, se logren o no, no suelen ir motivadas por lo que con más facilidad se dice. Son más claros los hechos que las palabras, a pesar de la prodigalidad con que se desarrolla la oratoria en las revoluciones. Pero no es la oratoria demagógica la más afortunada que digamos para revelar la íntima motivación revolucionaria, y lo más común es que, aquello contra lo que se levanta el revolucionario, sea algo en apariencia muy alejado. Y claro que ha de ser así, pues la rebeldía ha de ser contra algo muy persistente, contra algo que haya constituido categoría dentro de la vida, pues si no sería desproporcionado y pueril o no sería.

Si antes ya vimos que el estoicismo es la actitud del hombre que vive una crisis histórica y no llega jamás a transformarla en revolución, ahora lo vemos comprobado. El estoico no puede jamás llegar a la revolución por muchos motivos, quizá por uno solo: porque el estoicismo sea en sí mismo eso, un modo de afrontar la crisis sin llegar nunca a la revolución. En todo caso, sea o no sea su raíz, el resultado es que nunca podrá llegar. El obstáculo más decisivo es éste entre todos: el sentir la muerte como algo natural, término adecuado de la vida. «Nuestras vidas son los ríos»...

El ascetismo del estoico ha resultado mucho más grave que el ascetismo cristiano del Kempis, porque ha renunciado a la vida personal, aunque no lo advierta, entregado a la idea natural de la muerte; se ha quedado todavía con menos que el asceta, que en medio del yermo sueña con la resurrección de la carne y la vida perdurable. Su reducción ha consumido dos vidas: la temporal de la carne y la histórica o de la fama. Todo se desvanece: los grandes hechos de guerra, las conquistas a los moros; tan sólo queda la memoria consoladora, la paz del recuerdo, pozo del tiempo... «Que aunque la vida murió / nos dejó harto consuelo / su memoria».

## La *Epístola moral a Fabio*

Casi dos siglos después, en el período de la más dorada y aun abigarrada producción literaria, se oye, recortada de todo lo demás, recia y grave, la voz de la *Epístola moral a Fabio,* gemela de las *Coplas* de Jorge Manrique. También sus mesurados versos parecen vivir perennemente en el alma de todo español; también ellos pertenecen a nuestro acervo de común saber y sentir. Voz anónima en cuyo anonimato encontramos una prueba de su tremendo estoicismo, más extremado que el de Jorge Manrique, pues nada aparece a su lado que difiera de él. Coherente, continuo y perfecto, corre su pensamiento desde el primer verso hasta el último; diríase que hasta su estoicismo es más consciente; el único nombre que cita es el de Epitecto. Y nada, ningún rastro cristiano se le entremezcla. Y es que la *Epístola Moral* es ya un tratado, un pequeño tratado filosófico en que la moral se hace poética. Al fin, la razón mediadora, que se hace ante todo moral para el inmediato consumo del hombre, se hace poesía para que su modo de penetrar sea más suave, para que su dulcificación sea más cumplida.

Es la reflexión de un hombre, no ante la muerte, sólo, sino ante la vida entera con todas sus facetas: el arranque intelectual está en ella mucho más claro, y más en evidencia su delicada relación frente a las cosas del mundo, frente al humano poder. La vida toda es recorrida por el desconocido poeta; es una declaración en regla, una definición tan completa, que aunque sólo fuera por ese motivo sería singular su existencia en la literatura castellana. Como pensamiento es de lo más sistemático que el español ha producido. Pocos pensamientos tan coherentes, trabados y completos; pocos tratados de filosofía como esta *Epístola Moral*. Diríase que la capacidad de abstracción de la mente española ha dado aquí su medida. Porque en la forma abstracta, un poco árida, de la *Epístola,* se conserva siempre una relación personal; pues si bien Fabio deja de existir en cuanto deja de sonar la última letra de su nombre, el poema tiene forma de confesión, más bien de testamento. De justificación. Parece hecha para explicar algo; toda una vida, toda una vida en silencio. Pues si bien la perfecta técnica y el cumplido estilo hacen imaginar que no fuera ésta la única obra de su autor, la forma de ella, su calidad íntima, hace pensar que ha salido del silencio, que está escrita para explicar un silencio, y tan coherente ha sido en su propósito que ha quedado sin firma, como para no salir de su silencio el autor.

En realidad no ha salido, pues «hay palabras que valen tanto como el silencio», y de ellas son las que forman esta larga cadena de uniformes tercetos. Su monotonía sin relieve forma un ritmo que linda con la prosa, y se diría que el verso es aquí simplemente una forma más severa, más exigente, que la prosa; algo así como ese traje de paño negro que visten los hombres en los pueblos castellanos, en los días señalados; hábito de la etiqueta sencilla, pero severa, en que el hombre define su figura: el traje de respeto. Tal es la forma de la versificación en la *Epístola Moral:* la forma del respeto.

La distancia que crea o supone el respeto está guardada uniformemente; no nos deja acercarnos más allá. Tampoco ella penetra en ciertas fibras de nuestro corazón; es una poesía que hemos de escuchar en pie.

Jorge Manrique llegó a reducir la vida del tiempo y de la fama; este desconocido filósofo no la acepta siquiera; su estoicismo es de principios; es todo un sistema lo que nos ofrece. Comienza su reflexión por manifestar la nadería de las «esperanzas cortesanas» y sigue en una serie larga de tercetos. Y se comprende con facilidad. Es otro el momento de la historia de España en que ha nacido, muy diferente del de Jorge Manrique y más parecido al momento en que se manifestara el estoicismo por primera vez en el Imperio de Roma. España en los días del anónimo filósofo era también un Imperio «donde no se ponía el sol», y el desengaño de ello es lo que ante todo nos manifiesta: «¿Piensas acaso tú que fue criado / el varón para rayo de la guerra, / para surcar el piélago salado, // para medir el orbe de la tierra / y el cerco donde el sol siempre camina? / ¡Oh, quien así lo entiende cuánto yerra!». Fatiga, desengaño de tanto afán, fatiga de tanta empresa, fatiga; vaciedad de la aventura «de medir el orbe de la tierra», pues en medio de todo ello el hombre es lo importante, la noción única, el canon verdadero, la medida por donde todo ha de medirse y el hombre no es nada de eso. Al igual que cínicos y estoicos se sentían desnudos en medio del poderío del Imperio Romano, menesterosos en medio del caudal complejísimo de su cultura y hastiados de ello, no de que otros lo tuvieran sino de tenerlo ellos mismos, y se buscaron la doctrina que diera figura y expresión a su íntima insolidaridad con todo aquello, así el autor de la *Epístola* se desentiende del Imperio «donde no se ponía el sol», pues él para vivir nada de eso necesita. «¡Mísero aquel que corre y se dilata / por cuantos son los climas y los mares, / perseguidor del oro y de la plata! // Un ángulo me basta entre mis lares, / un libro y un amigo, un sueño breve / que no perturben deudas ni pesares». No puede darse más explícita condenación, más sosegado reproche de lo que era la faz, la apariencia, de España en aquella fecha. Es el reverso de su poderío, la cara íntima debajo de tan gran locura como fueron nuestras empresas, lo cual nos dice muy claramente que el día que queramos averiguar cuál ha sido el íntimo motor de la extraversión española por el mundo, será muy lejos de este pensamiento donde hayamos de ir a buscarlo.

Un leve epicureísmo asoma en estas líneas: «un libro y un amigo, un sueño breve»; epicureísmo de la razón que vemos en Séneca cuando habla de la amistad, de que el sabio ha de ser su propio amigo, pues al fin este amigo de que nos habla el anónimo autor de la *Epístola* es bien posible que fuera él mismo.

El estoicismo se nos va apareciendo, así, como el desengaño ante la magnificencia del poder, de quien no es oprimido por él. Es la rebeldía de la clase mejor, de los que participan en las ganancias; por eso va libre de resentimiento; por eso tal vez no es nunca revolucionario, pues que el desengaño del poder dentro del poder mismo, su renuncia, su rechazo, no puede engendrar el ansia de otro poder, aunque fuese de otra forma. Es un retorno a la medida humana cuando ha sido sobrepasada por las hazañas; es, en realidad, una actitud antiheroica. El hombre no ha menester ser un héroe y tal vez ser héroe no sea tampoco lo mejor: «Una mediana vida yo posea, / un estilo común y moderado, / que no lo note nadie que le vea». Un estilo común. Podría ser la confesión de don Quijote después de sanar de su heroica locura, si al sanar no hubiese muerto, porque don Quijote no podía vivir en paz; su locura era su esencia, su razón de vivir; la vida se le quedaba vacía, desprovista de su locura. Tan sólo quedaba fuera de ella el alma infantil y misericordiosa de Alonso Quijano el bueno, el bueno, no el moral, que es mucha la diferencia.

El heroísmo, las brillantes acciones –ni siquiera lo dice nuestro filósofo– son vanidad, él las debía de ver como máscaras trágicas que encubren la verdadera figura humana no necesitada de aditamentos. La naturaleza humana se realiza por otro camino: «Esta nuestra porción, alta y divina, / a mayores acciones es llamada / y en más nobles objetos se termina. // Así aquella que al hombre sólo es dada, / sacra razón y pura me despierta, / de esplendor y de rayos coronada». Por única vez en todo el largo poema aparece la gloria, el esplendor y aún más «lo sacro», el fuego de lo sagrado; el único fuego en este helado discurso se muestra solamente en la razón; es el único rastro de un fervor encendido que puede sostener tanto hielo; el único signo de su recóndito ardor, de una esperanza: «sacra razón y pura me despierta». Es la razón luminosa, bien absoluto, Dios mismo.

Bajo tanta aridez ha aparecido por fin la oculta música, la antigua música de las esferas pitagóricas que a través del estoicismo llega, fuente última de toda dulzura; el hombre sabio es como un instrumento bien acordado, su virtud no es sino armonía, y la moral sólo tendrá que conseguir que el instrumento de nuestro ánimo esté afinado, devolviendo la armonía humana a la armonía de la naturaleza: «Así, Fabio, me enseña descubierta / su esencia la verdad, y mi albedrío / con ella se compone y se concierta». No puede darse más justa expresión de la moral estoica, que en estos tres versos, clave, síntesis perfecta que los más ilustres de la secta acatarían.

Porque *secta* ya nos parece esto del estoicismo; y más leyendo la *Epístola:* queda la impresión de que después de tan ordenada y completa exposición, todo no se ha dicho, de que algo, lo más importante, falta. Algo escondido, tal vez no expresable. Nos dicen las razones, mas no la razón, la verdad última que a menudo se anda bordeando. No nos parece que sea bastante lo que se dice. Parece como si una secreta religión, temerosa de mostrarse, temerosa o demasiado orgullosa para ello, quedara en el fondo incomunicable; una secreta religión que informulada atrajera a sus adeptos enlazándolos con estas verdades modestas, demasiado modestas para ser verídicas, es decir, para que un hombre se conforme con ellas. Porque el estoicismo es el único patrón que el hombre se ha dado y que coincide con el hombre mismo; es la única medida en que el hombre no intenta sobrepasarse, y verdad es que esto nos resulta muy poco humano. En rigor es lo que pasa con todo humanismo: parece nacido de otros seres que no de hombres. Y la única explicación viable es que proviene de un momento de desengaño, que es una contestación al poderío, a la riqueza, a la cultura. Es un: «pero yo me he de morir a todo esto».

Y así se comprende la honda raíz que echó en España este modo de pensamiento, pues en cuanto se pone en marcha el entendimiento en España es para topar con el muro de la muerte por uno u otro sendero. Y tanta fuerza tiene este muro, y tan detenido en él se queda el ánimo, que apenas avanza. Al fin, todas son razones para morir o no, para aceptar o sobrepasar la muerte. Y el estoico no hace sino razonarla, hacerla razonable y, aún más, ejercitarse en ella. «Meditación de la muerte», como el mismo Séneca decía, refiriéndose a su enfermedad (el asma), que le ejercitaba en morir. Así nuestro desconocido filósofo: «¿Será que pueda ser que me desvío / de la vida viviendo, y que está unida / la cauta muerte al simple vivir mío? / [...] / ¡Oh, si acabase, viendo cómo muero, / de aprender a morir, antes que llegue / aquel forzoso término postrero!».

Aprender a morir, puesto que ya muero a cada momento. Tres siglos más tarde otro poeta español de estirpe también sevillana, como nuestro anónimo, ha de decir: «Desde el nacer al morir / lo que llamamos vivir / es ir perdiendo la vida». No es el único brote senequista de nuestro, nuestro más que nadie, Antonio Machado. No es posible apenas mayor pesimismo, ese pesimismo pagano, clásico, que vive despierto entre los españoles, y más entre los andaluces. La imagen del río de la vida reaparece en la *Epístola* también, pero de un modo más patético, pues no es como en Jorge Manrique una consideración de lo que pasa, sino un sentirse en primera persona arrastrado, condenado: «Como los ríos, que en veloz corrida / se llevan a la mar, tal soy llevado / al último suspiro de mi vida».

Es esto tan de lo hondo de nuestro sentir que cae ya en la copla, en la copla popular que nadie sabe quién hizo. Cae como arrancado de la soledad o la petenera; nace de la misma fuente, suena de idéntica manera. No, por debajo de la limpidez de la corriente pasa algo, un sonido de tragedia incurable en esta apariencia antitrágica. Habíamos visto un espejo, limpio, claro, y mirando, un rostro desconsolado asoma. No ha sido suficiente toda la dulzura de la razón; hay cosas que nadie puede hacerlas dulces por completo, porque debajo de la corriente hay unas entrañas que no se resignan a morir y un suspiro, un leve suspiro, manifiesta lo invencible, lo incurable del mal. Y así concluye abrazando al tiempo, al tiempo perecedero, después de haber dicho: «Iguala con la vida el pensamiento, / y no le pasarás de hoy a mañana, / ni aun quizá de un momento a otro momento». No se atreve a desgranar los momentos, a saltar sobre el abismo que los divide, tanto adora y tanto teme el leve paso del tiempo. No quiere adelantarse con el pensar al suave fluir de la vida, al transcurso del tiempo que siente en su mismo pecho. «Antes de que el tiempo muera en nuestros brazos». Pues, al fin, tanto adora el tiempo que es su muerte la que deplora. Lo siente expirar en sus brazos como a un hijo.

Meditación de la muerte, pensamiento fijo en el morir, el de España. El pensamiento español se nos muestra encerrado en la muerte, prisionero de ella. Y ante esta certidumbre apenas puede ocuparse en eso que ha sido la tarea y la conquista del pensamiento europeo: el conocimiento del mundo físico y su fundamentación. Piénsese que a la hora en que en España el poeta sevillano discurría de esa manera, en Europa un Descartes había ya pensado el *Discurso del Método,* y que, en seguida, Leibniz y Newton pondrán las bases de la nueva física matemática. España, cada vez más, se vuelve de espaldas a todo esto, hay quien dice que envuelta en su sueño imperial, hay quien dice que embebida en la tremenda empresa de la Contrarreforma. Pero, tal vez, envuelta en su estoicismo, prisionera de una meditación de la muerte.

El pensamiento prisionero y la vida también. Comienza nuestro suicidio. Las dos maneras de ir a la muerte que tiene el español. En ellas consideramos complicado, junto con otros ingredientes, al estoicismo; indudablemente en él está el origen del permanente suicidio individual y aun colectivo que ha acaecido en España. El suicidio individual de los mejores, de aquellos destinados a servir de guía, a abrir camino, a ser los primeros. Nuestra historia está llena de ellos y muy especialmente el siglo XIX, cuando ya todo se precipita. Son los mejores los que renuncian a vivir, o muriendo del todo o ahogándose en el contorno social, aniquilando lo que de mejor había en ellos: su ímpetu, su fuerza, el vuelo de su pensamiento. La novela nos lo mostrará luego con toda crueldad.

La otra manera de morir del español es ésta que tanto asombro produce al mundo, esta capacidad de arrojarse a la hoguera en bloque, este ímpetu que ha conducido a todo un pueblo al centro mismo de la pira. Este ir delirante hacia la muerte, esta entrega sin reservas ni límite alguno.

¿Significarán lo mismo ambos suicidios, el individual, el de aquellos destinados a formar la minoría dirigente del país y el ímpetu arrojado del pueblo cuando, empujado por el destino ante una alternativa de vida o muerte, se lanza hacia la muerte sin titubear? ¿Serán iguales ambas maneras de morir? ¿Serán los dos procesos producto de la misma causa? ¿Serán también análogas sus consecuencias, sus terribles consecuencias? En definitiva, la cuestión, la grave cuestión sería ésta: ¿es que puede un pueblo ser estoico?

La cuestión es tan grave que, aun cuando estuviésemos en posesión de más indicios de los que poseemos, no nos atreveríamos a decidir. No nos pertenece, por otra parte. No pertenece al estudio ni al comentario el afirmar o negar tan grave cuestión. Pertenece al mismo pueblo y él lo dirá, sin duda, no resignándose ante la muerte. No olvidemos, por otra parte, que esta voz del estoicismo español en sus dos facetas, la culta y la popular, sostiene a todo lo largo del tiempo un diálogo apasionado con el cristianismo. Estoicismo y cristianismo se disputan el alma del español, su pensamiento. En este drama, que es el verdadero drama de España, no podemos entrar ahora. Quizá nos abrasaríamos.

# El querer

## El mundo novelesco

La materia pensada para estas conferencias ha rebasado con mucho de las contadas horas que le han sido concedidas y así, hemos de recorrer apresuradamente el camino señalado y ni tan siquiera el camino, sino algunos puntos que dibujan sus curvas, sus encrucijadas. Así los problemas de la voluntad, del querer español, donde tanto enigma anida, han de ser solamente apuntados, violentados casi, para reducirlos a un esquema lindante con la caricatura.

## La cuestión de la voluntad

El problema del pensamiento nos ha descubierto, en su raíz, algo consistente y acerado, ajeno a él: la voluntad, y que, sin embargo, nace con él, y más que nacer con él, más gravemente, le hace nacer. La voluntad española no parece que haya influido mucho en hacer nacer el pensamiento, lo cual crea una doble situación. Por una parte, el pensamiento queda más puro, desasido y poético; se crea «el conocimiento poético» en que es maestra la literatura española de todos los géneros. Y por otra, la voluntad queda también desprendida, ciega y sin dirección. Una disociación que vista así parece habernos traído más desdichas que otra cosa. Pero no importa, no es un balance de dichas y desdichas lo que vamos a hacer. Sin embargo, se pueden señalar formas y direcciones a la voluntad española. El español ha querido, ha querido siempre, aun cuando no parecía querer; su quietismo y su quietud han sido siempre gigantescas descargas de energía, derroche de impenetrable voluntad y tal vez, en el quietismo, más que en ninguna otra forma, se manifieste la potencia de su querer.

Existe primariamente un querer originario como fuerza, como ímpetu, un querer desnudo que se ha manifestado, casi siempre, en una forma popular y en momentos decisivos. Es lo que corresponde a la expresión «real gana»; gana, ímpetu enteramente irracional, no ligado a razón alguna, ni a idea alguna; pura gana espontánea que brotó porque sí, en defensa de algo, pura afirmación de una existencia que se siente amenazada. La «real gana» no funciona si no es en relación con situaciones decisivas, que diríamos hoy existenciales. Pura voluntad irracional indeterminada; determinada solamente por la existencia misma en cuanto que no la deja entregarse, ni sumergirse. Es el último asidero, el último y desesperado, a la par que espontáneo esfuerzo por afirmarse. Es algo sobre lo cual nada, ni nadie, tiene jurisdicción. No puede preverse; es la misma raíz del querer puesta al descubierto en situaciones decisivas. Esta «gana» nunca ha sido domeñada y su existencia está perfectamente de acuerdo con un pensamiento que corre libre, desinteresado e independiente. No entra dentro de la cultura, y, así, apenas cabe llamarlo voluntad. Es pura hambre de existir, de efectos casi siempre destructores.

Si el español hubiera permanecido en ella solamente no habría entrado, en rigor, en la esfera de la cultura; estaría ahí desde siempre, sin movimiento social histórico propiamente; cosa que, por otra parte, es posible que haya constituido el ensueño de muchos españoles. Pero no fue así. España entró decididamente en la cultura, en la historia, y ello significa que su voluntad, al fin, ha tomado dirección; que su «gana» se ha transformado en voluntad.

Se nos aparecen dos actitudes fundamentales del querer español. Dos actitudes de la voluntad española que, a veces, no se han manifestado con absoluta independencia, que han encarnado bajo distintas formas. La una, estoica, es más que nada una manera de resistencia; nacida como originariamente reaccionaria en el final del Imperio Romano, y que no lo es, sin embargo, enteramente en España. Es, simplemente, el equilibrio de la voluntad que resiste enlazada con la vida, una voluntad que no pretende imponerse de un modo absoluto. La voluntad estoica es humana porque no es *absoluta,* cuenta con las circunstancias entre las que se desliza. Es voluntad persuasiva, consoladora; aunque no enamorada. Por el contrario, el estoico es el hombre desenamorado y desligado; conserva con el cosmos una unidad, no de amor, sino de analogía. Y esta analogía es la que le sostiene en el mundo. La unidad del místico, en cambio, es la del amor; unidad angustiosa y dramática, puesto que no se da de una vez para siempre.

Al lado de la equilibradora voluntad estoica está la voluntad cristiana pura, voluntad de esperanza, de agónica esperanza, de la que no puede surgir la violencia impositiva que, bien pronto se hace violencia impostora. Violencia imperial. Hay en ellas un elemento no cristiano, sin duda. En realidad, el cristiano no puede definirse por la voluntad, sino por la esperanza y la misericordia, que son dos maneras de estar en la vida en que la voluntad no es apenas necesaria. Lo que puede definirse, en cambio, como cuestión de voluntad, es el «quietismo», como entrega absoluta de la voluntad, y al ser absoluta, muestra por tanto, que sí es un problema de voluntad, de querer o no querer.

Y frente al quietismo, el voluntarismo, igualmente absoluto en cuanto al querer, de San Ignacio. Son las tres voluntades, las tres maneras de voluntad de la vida española. Aunque en el estoicismo la voluntad no se muestra como voluntad primariamente. La armonía de la razón la encubre. En su origen, el problema del estoico es el de cómo sostenerse en el mundo una vez que han sido abatidos los vínculos de la sangre, la moral trágica de las estirpes y linajes. Es el buscar cómo sostenerse un hombre solo, que no tiene más valor que el de ser hombre. Es la desnudez de lo humano, sin vínculo de sangre con los antepasados, ni con la divinidad. Es la soledad del hombre. Y en este sentido, no en el del poder, el estoicismo es cuestión de voluntad, pero no parte de una afirmación de la voluntad, sino de una unidad analógica entre el hombre y la naturaleza por intermedio de la razón. En el estoicismo la razón desempeña el papel de mediadora entre el hombre y lo que está más allá de él. La voluntad en el estoico tiene que ser una voluntad de equilibrio, de convencimiento, de persuasión, muchas veces de renuncia, pero jamás será violenta, puesto que parte de la armonía, y la violencia sería su rompimiento. La voluntad estoica, por ello, jamás puede ser *a priori,* y, por lo tanto, tampoco absoluta. En esto consiste su diferencia radical con la razón práctica kantiana.

Quietismo y voluntarismo son problemas de la voluntad desnuda; pero el hombre en ellos no se ha quedado en soledad como el estoico. No; es algo más grave lo que aquí ocurre. El hombre se ha quedado reducido a su sola voluntad, a su querer, no tiene más; todo lo demás se le fue. Son actitudes de poder en que el poder se ha afirmado o negado porque el poder es la única cuestión.

En el estoicismo empieza el suicidio de la voluntad, la entrega que se consuma en el quietismo. El estoicismo es aniquilamiento del individuo ante la razón, ante la objetividad que es la comunidad, ante algo humano-social, ante lo cual la voluntad individual resigna sus poderes, se abate, se entrega.

## Resignación y esperanza

Tales contraposiciones en la voluntad, tal diferencia en el querer no son arbitrarias, es decir, no brotan porque sí, sino que proceden de algo más hondo. La voluntad quiere, se determina queriendo, pero no inventa lo que quiere. Lo que quiere le viene dado por una disposición de la vida en que brota. De una vida abierta a la esperanza no puede brotar una voluntad que quiera lo mismo y de la misma manera que de una vida cerrada o de espaldas a ella. Según don Miguel de Unamuno, la esperanza es también cuestión de voluntad. Es una tesis análoga a la de los idealistas. Mas, como don Miguel ni era idealista, ni entraba tampoco con los filósofos puros, tenemos que atribuirla a lo que en realidad era, a la religión especialísima que profesaba, y que nunca trató de definir, sino simplemente de afirmar y sostener a la española. Dentro del catolicismo, Unamuno profesaba algo tan especial como la identidad de la fe y de la voluntad, con lo cual lo que hacía naturalmente era negar la fe, absorbiéndola dentro de la voluntad. La fe quedaba reducida a ser solamente un afán de sobrevivirse, una voluntad de seguir existiendo siempre. Es una fe desolada, impuesta, no recibida. Lo que ella nos diga, por tanto, será solamente el espejo, y aun el espejismo de nuestro deseo, no la comunicación de algo, mensaje que alguien nos ha transmitido. No es una fe que nos testimonie la existencia de algo, que a su través nos ofrece su revelación. No es un don, sino una imposición violenta que ejerce nuestro ser sobre la vida, exigiéndole perdurar. Esta fe no cree sino en sí misma, mejor dicho, no cree en nada, teme a la nada y por ello se afianza si es preciso en la embriaguez. No es fe, en la acepción clásica de la palabra. «La fe es la sustancia de las cosas que se esperan», cita innumerables veces don Miguel a San Pablo, y toma al comentarlo lo que se espera por lo que se desea o se quiere.

Es la fe y la esperanza del que está angustiado en la nada y por sí mismo sale a flote, desesperadamente y en silencio.

Pero el español no vive en la nada, siempre tiene algo, pues tiene la melancolía, tiene la ausencia, tiene lo que le falta, que es lo que se ha ido o lo que nunca llegó a tener. Su apegamiento al mundo que ve y siente, que toca y gusta, es tan grande, que no se queda jamás en la nada. Sus manos están rebosantes, como lo están las de todo enamorado. Y así, de la misma melancolía nace como su hermana gemela, la esperanza, que es su prolongación en sentido contrario; las dos son formas de tener, no teniendo. Y no es sino que la vida está abierta recogiendo lo inmediato, sí, pero sin afirmar que eso sea lo único que haya, sin encerrarse en sus límites. Melancolía y esperanza, son la manera en que la vida penetra más allá de lo que tiene delante de sí. Son las formas de la temporalidad envolvente.

Melancolía y no angustia, es lo que late en el fondo de la vida española. El tiempo no disuelve en la nada a la realidad, no la reduce a la nada, ni el español se siente jamás en ella, pues si en ella estuviera no se le hubiese ocurrido el cortejarla como tanto ha hecho (es tema inesquivable el nihilismo español). No siente la angustia de la nada el español como vivencia primordial, pues que jamás se separa de sus idolatradas cosas, de su idolatrado tiempo. Y las cosas en su fluir temporal dejan un hueco que es su ausencia. Pero la ausencia no es la nada. Y por eso la melancolía no es tampoco la angustia.

En la ausencia que las cosas dejan hay una manera de presencia; en su hueco está todavía aleteando su forma.

La melancolía es una manera, por tanto, de tener; es la manera de tener no teniendo, de poseer las cosas por el palpitar del tiempo, por su envoltura temporal. Algo así como una posesión de su esencia, puesto que tenemos de ellas lo que nos falta, o sea, lo que ellas son estrictamente.

En la melancolía tampoco estamos sin asidero, como en rigor no está nunca el español, que tiene siempre su clavo ardiendo a que agarrarse, clavo ardiendo de su propia pasión anhelante del tiempo que se le va y al cual se agarra, aunque se abrase.

Se abrasa, se quema las entrañas en el fluir temporal. De ahí que cuando ya no puede más, o los que ya no pueden más, desemboquen en el dogmatismo, al cual el español llega siempre para descansar, para reposar y curarse de las llagas del tiempo. Dogmatismo que por diferente que sea su aspecto, es siempre el dogmatismo de la quietud, del aquietarse. Pero mientras puede resistir el quemar de sus llagas, permanece suspenso entre la esperanza y la melancolía, entre la esperanza y la resignación. Verdadero, íntegro español es el que vive entre ellas sin aquietarse dogmatizando. Esperanza de lograr su disparatado anhelo; resignación, conformidad con no verlo realizado nunca. Son dos extremos del pensamiento español que busca así la justificación de seguir esperando o de no esperar. La esperanza va a buscar doctrinas de las que seguir alimentándose, mientras la resignación se apacienta en lo que va contra el ansia secreta y casi acallada. Por eso, la resignación es siempre reaccionaria. Y, aunque se haya dicho que es virtud de pobres, en realidad viene a ser lo que nunca es popular, sino al revés, propio de sabios. En esta cuestión, como en tantas otras de la vida española, despista el hecho de que en nuestra cultura son muchos los sabios populares y de ellos, sí, sería propia la resignación, aderezada con un poco de burla.

Problema de equilibrio y de resistencia se nos muestra ya, desde un principio, la vida española; cuestión de poder mantenerse en la melancolía y en la esperanza entreveradas («una de cal, otra de arena»). Cuestión de no forzarse a una solución inmediata, puesto que lo que anhela es lo imposible. Por eso su centro no es una sola tendencia, como ya dijimos, sino una oscilación rítmica, un entrecruzamiento que es a veces polémica entre la esperanza y la resignación, entre cristianismo y estoicismo.

Esta resignación extremada que conduce al aniquilamiento, nos lleva a considerar, bien que aquí no podamos hacerlo, pero hay que dejarlo anotado, otra de las raíces de las implicadas en la cuestión del estoicismo español: la raíz amorosa. Muy a menudo hemos pasado rozándola y es imposible no haberla sentido. Se trata de una forma de amor que va dentro del estoicismo y que apenas se manifiesta separadamente, es decir, expresada de un modo directo. Y es el problema del amor en relación con el conocimiento y, aún más, con la objetividad que emana de él.

Es la gran cuestión del amor, enlazado a la voluntad y al conocimiento, que es, en último término, la gran cuestión de la vida española. A cada forma de amor, de querer –esta magnífica palabra castellana, «querer», que expresa amor y voluntad–, corresponde una forma de amor. Mas, ¿quién sabe si el amor determine en último término a la voluntad y aun al conocimiento? Lo cierto es que un estoico, un quietista, un cristiano, llevan cada uno consigo una manera de amor.

Tres maneras de amor, las tres aparecen en una breve composición poética, en el soneto *A Cristo crucificado,* joya de la literatura castellana: «No me mueve, mi Dios, para quererte...».

Imposible, como hemos dicho, entrar en este laberinto del amor español: cristiano, estoico, quietista, en esta verdadera dialéctica de la esperanza que de modo tan breve y transparente tiene lugar en el soneto; en él están apretadas, unificadas por la poesía, las tendencias más dispares de nuestro querer. Como una fuga de ritmo cada vez más grave crecen las razones del amor, el amor abatiendo cada vez más al deseo y a la voluntad, el amor uniéndose con la razón para aniquilar al yo, al anhelo irracional de ser y vivir eternamente. Tan absoluta es la entrega que en el amor cumple, que hay que eliminar abatiéndola toda esperanza, todo temor: «No me mueve, mi Dios, para quererte / el cielo que me tienes prometido; / ni me mueve el infierno tan temido / para dejar por eso de ofenderte». Temor y deseo, como Séneca quería, se quedan atrás. Aparece el objeto del amor, su razón, con tanta fuerza que él solo lo llena todo, él solo existe: «Tú me mueves, señor; muéveme el verte / clavado en una cruz y escarnecido; / muéveme ver tu cuerpo tan herido; / muévenme tus afrentas y tu muerte». El amor cristiano se adhiere perfectamente a su objeto, única razón del mundo y de sí, única existencia; frente a él nada existe, ni importa, mi propia existencia. La renuncia, el suicidio, por amor se consuma; la esperanza se abate y el ansia de ser más allá de la muerte se aniquila también, por él todo se aquieta, hasta la propia nada. «No me tienes que dar porque te quiera, / pues aunque cuanto espero no esperara, / lo mismo que te quiero te quisiera».

Es el quedarse el querer español, su voluntad y su conocimiento, encerrado, encantado en objeto, en la razón del amor. La verdad es que de esta sin par poesía, y de la Guía de Miguel de Molinos a la *Ética* de Espinosa, no es mucha la distancia.

España en aquellos días se cerraba también, prisionera, en una empresa imposible, absoluta: el sueño o ensueño de la Contrarreforma. Por este ensueño quedó su vida detenida, al margen del tiempo, prisionera.

## El siglo XIX: La cuestión de la continuidad de España

Muy grave es esta situación, muy grave es que la vida y la vida de todo un país quede detenida, prisionera en un amor, por grande que este amor sea. Al fin se paraliza, y como la vida no puede ser quietud, comenzará a deshacerse. Durante más de dos siglos, España se va desintegrando, debilitando con un ritmo creciente que la hace desembocar en el siglo XIX reducida a un estado en que viene a ser problema su existencia misma. Encantada en su querer absoluto, se ha ido retirando de las contiendas históricas. Una mortal indiferencia la posee poco a poco, una desgana. Su ímpetu vital no se ha marchitado, sigue ahí, casi intacto después de tan inmensas aventuras. Pero su voluntad se ha quedado tan fatigada de esa altura a que el amor la llevara, que ya nada parece apetecer ni querer. Mas no ha muerto; sigue viva, pero su vida ya no es más que sangre y ¡con qué fuerza!; toda la fuerza de su amor y de su voluntad ha quedado retenida, encerrada en la sangre.

Mas, ¿puede fundarse en la sangre la unidad, la continuidad de la vida de un pueblo? Si es una cuestión grave la de que un pueblo pueda mantenerse en el estoicismo, no lo es menos ésta de que un pueblo pueda quedar unido solamente por la fuerza de la sangre. Lo que está en crisis, ya en el siglo XIX, es nada menos que la existencia misma de España.

Porque así es. España se quedó encerrada en sí misma sin horizonte. España es hervor de sangre apretujada que sale luego a borbotones. Sangre estancada, detenida, prisionera, que engendra angustia y una expectación de algo terrible que tiene suspenso el ánimo y apretado el corazón. España está cercada, y cada español se siente vivir en una alta torre sin ventanas –no hay ya pisos mediadores, ni escaleras–, prisionero en el fondo oscuro de la torre con la luz sobre la cabeza, sin asidero alguno.

Después del fracaso de su historia, retrocede España a lo que había quedado bajo su historia, a lo que había permanecido firme bajo el esplendor ya ido y que ahora seguía ahí, quieto, imperecedero. Lo que se ha llamado la España eterna y que no es la España del reposo ni de la calma, sino la España de la tragedia, porque es la España de la sangre. Instante este profundamente reaccionario en que se vuelve de una gran aventura dispuesto a quedarse en casa para siempre; momento en que aparece y reina solamente lo doméstico, el ámbito de lo consanguíneo y familiar. La familia toma los poderes y se hace dueña de la vida hispánica, impone su imperio, su tiranía absorbente. Y la vida, con ello, al revés de lo que parece, se hace cada vez más y más compleja; los rastros son múltiples y bajo el imperio de lo familiar y doméstico, la historia entrelaza sus hilos invisibles. En realidad, la vida se hace un *maremágnum* y van a ser muchos los que van a quedar mortalmente enredados en este revuelto y apretado mundo. Son muchos también los que van a perder la íntima certidumbre, y a confundirse volviéndose contra sí mismos, contra lo mejor de sí mismos, perdidos entre los sutilísimos hilos que se cruzan y entrecruzan. El español se ha quedado sin camino, sin certidumbre. Regresa y se encuentra con algo de una potencia arrolladora, con la matriz originaria de donde saliera tanto ímpetu, dispuesta ahora a no dejarlo salir más. La fuerza mayor que en la vida española se desarrolla es la de impedir, la de detener, la de retener. Todo lo que empieza a existir como inocente ímpetu, todo lo que ingenua y naturalmente busca una salida, se encuentra cercado, envuelto irremisiblemente. Fuerzas sin origen le impiden marchar, le impiden, si hace falta, ser. El instrumento de esta fuerza es la mujer y el ámbito donde la realiza, la familia. Su imperio, su mundo poético donde todo ímpetu es amansado, donde toda furia es calmada y deshecha, es lo doméstico. Ya todo se ha vuelto domesticidad en España, y entre los cacharros, como quería Santa Teresa, anda el espíritu, el pobre espíritu que ennoblece tanto a los cacharros y que a veces desfallece entre ellos, sin que nadie le auxilie.

Pero una historia no puede borrarse; no se absorbe un pasado sin dejar huellas, rastros. Sobre el alma del español han quedado depositados sedimentos de siglos, y en los sedimentos, huellas del remoto ayer, barrido casi siempre de la conciencia. Cada alma se ha ido cerrando en la conciencia y llenándose como una cueva misteriosa en la subconciencia. Así como en los árboles centenarios son más grandes las raíces que las ramas que ven la luz, la vida del español es subterránea, agitada, oscura, casi inconfesable. La fuerza retentiva alcanza también a las palabras, y la inhibición crece, ya que no sabe, en su inacción y en su silencio, lo que le pasa.

Y así viene a suceder lo más grave: una incomunicación entre las raíces y las ramas, una separación entre lo profundo y lo que se manifiesta y actúa. Esto explica los fenómenos de lo que se ha llamado «extranjerismos», que en unos casos no eran sino nutrición normal, y en los otros, en los verdaderos «afrancesados» o «germanizantes», no es sino ansia de nutrirse de algo, por las ramas, ya que del hondo suelo ninguna savia ascendía. La vida de todos, la vida social, se fue tornando sonámbula, fantasmagórica y como hechizada. A medida que era mayor la incomunicación, mayor era el delirio. El imperio familiar y doméstico no fue un avance en el sentido común, en lo razonable, que es lo primero que se piensa, sino muy al revés, un crecimiento de lo delirante. El mundo de lo doméstico se enriquecía cada vez más, es verdad, al absorber dentro de sí todas las fuerzas, todas las pasiones, que ayer anduvieron sueltas cabalgando por la tierra. Se enriquecía y deliraba, se llenaba de sustancia y desvariaba. Porque a una vida no se renuncia impunemente.

Quedan las huellas, los rastros del ayer. Y toda España es rastro, ese lugar donde las cosas son viejas y actuales, donde todo sigue viviendo más allá de sí mismo, hollado, como desaparecido y como superviviente. Porque todas las cosas se han quedado como sin dueño y andan en medio de la calle. Y es paradójico que el imperio de lo doméstico se manifieste en una época callejera en que todo anda por la calle sin techo ni cobijo; en que todo está cada vez más suelto y deslavazado, más sin mano de dueño que lo cuide, más desamparado. En realidad, las fronteras entre la casa y la calle han sido bastante borradas y la verdad es que la calle tiene también mucho de hogareño, de esos hogares destartalados lindantes con la posada. Tiene la vida ese perfil de los edificios que se han quedado grandes, de las ciudades que se han quedado anchurosas y como desocupadas. Y es que todo un pueblo se ha quedado cesante y da vueltas, da vueltas delirando despierto y razonando dormido. La distancia entre vigilia y sueño ha venido a ser muy estrecha por efecto de esta vida irreal, fantasmagórica. Así comienza nuestro siglo XIX; es el siglo de lo novelesco, y no por el motivo de que la novela sea el mejor de los géneros literarios en él cultivado, sino porque la vida española es novelesca siendo doméstica; porque toda España vive en novela. Novela que es tragedia, porque no es la novela del individuo ni tampoco de la sociedad, sino de la sangre, la novela de la vida familiar, de los lazos de la consanguinidad, que son siempre trágicos cuando en ellos se introduce, encerrándose, la pasión, cuando son el único campo para que la pasión galope, cuando son absorbentes y totalitarios.

Al cerrarse los horizontes, el ímpetu batallador, el pensamiento ávido y especulativo y hasta la misma fe regresan, se hacen reaccionarios al ser retenidos por la única fuerza que queda en pie: la fuerza de la sangre. Adheridos a ella, nacen y mueren, se vuelven contra sí mismos. Es un proceso insoluble, sin remedio ni cura. La sangre corre herméticamente; el mundo de las relaciones consanguíneas es cerrado. La vida española vuelve de sus innumerables caminos y queda quieta, debatiéndose, ahogándose. Se hace trágica. Ahora es cuando España entra en la tragedia, y tan en ella se enclava que muchos creen que ha sido siempre así, que la vida española se debatió siempre en la tragedia. Es ahora cuando se cierran los horizontes y lo doméstico tiraniza y absorbe, cuando la sangre alcanza supremacía. Ahora la vida española es irremisible, tremendamente trágica.

Es entonces cuando realmente se rompe la unidad: con la España de la tragedia. Y entonces cuando aparecen bien claramente en la vida española el entrelazamiento de dos tiempos: el tiempo histórico, donde se ha verificado la ruptura, donde ha ocurrido la catástrofe, y el tiempo de lo doméstico, donde prosigue, a través de la huella de la tradición, la continuidad.

Esta ruptura, desgarramiento del tiempo histórico, se manifiesta, y a la par se agrava, en la falta de memoria de los españoles, que acabará por engendrar «el tradicionalismo», que muestra con toda evidencia que se ha perdido la tradición, que se ha convertido en lo que jamás puede ser ninguna tradición: en problema.

Esta falta de memoria de los españoles es una de las características, si no más subrayadas y reconocidas, sí de las que más graves consecuencias nos han traído. Graves y dramáticas consecuencias, aunque tenga una dimensión positiva por la despreocupación y la alegría, y esa cierta incapacidad para el rencor que llega a condensarse en odio. Nos falta a los españoles, por muchas apelaciones que los retóricos hagan al pasado y por mucho ahincamiento tradicionalista de los que así se llaman, la imagen clara de nuestro ayer, aun el más inmediato. Tal vez influya en ello el estancamiento de nuestras costumbres y el poco apego que a ellas tenemos. Existe una cierta rebeldía para reconocer en esta nuestra forma de vivir de hoy que hace que no se haya hecho sentir con más fuerza y claridad la necesidad y el deseo de recordar, de hacer memoria, y con ella, cuentas de nuestro pasado. No es extraño: todo nuestro pasado se liquida con la actitud trágica de España. Todo nuestro ayer se revela y se pone de manifiesto, se cancela, y de su cancelación saldrá, si la dejan –ya vemos que por hoy todos han hecho lo posible por asfixiarla, pero saldrá, aunque no la dejen–, la nueva España.

La melancolía, esa nuestra melancolía inicial, el revivir poético del pasado, constituye también de por sí una ligazón sentimental, llana pero indestructible, en la que hemos vivido enredándonos, y a menudo ignorantes.

En nuestra literatura del siglo XIX, el llamado «costumbrismo», forma un tanto superficial del realismo, produce un enorme y minucioso material para la imagen que buscamos. Mesonero Romanos, por ejemplo, nos ofrece un abundante material clasificado inclusive en artículos literarios que están muy cerca de la Sociología. A su través vemos desaparecer los vestigios del siglo XVIII ante los tipos sociales que llegan. Por otra parte, y en un tiempo más avanzado, Larra nos tiende también su espejo;

no tránsito alguno, sino que, fijamente enclavado en el centro de lo que pasa en torno suyo, critica e ironiza, nos ofrece una imagen verídica y esquemática, casi una mueca de nuestras desgracias públicas y políticas. Mueca terrible, pesimista por lo superficial, pues nunca por debajo de la imagen reflejada en tan descarado espejo asoma la poética verdad del pueblo, el hálito que da continuidad a su vida.

Ya que no nos interesan las costumbres en sí mismas, sino lo que detrás de ellas pasa, ¿qué le pasa al hombre español en el siglo XIX?, ¿qué ha sucedido en España dentro de este breve y dilatado espacio?, ¿en qué círculos de vida se encontraba inscrito el español a su comienzo y a su fin y cómo se desarrollaba su vida individual dentro de ellos?, ¿cuáles eran sus creencias y qué cambios se verificaron sustantivamente en ellas?

Es siempre, y para todo pueblo, imprescindible una imagen del tiempo inmediato anterior a aquel en que vive, como examen de nuestros propios errores y espejismos. Para la vida lo más revelador son siempre sus orígenes; el presente es siempre fragmento, torso incompleto. El pasado inmediato completa esta imagen mutilada, la dibuja más entera, más inteligible. Todavía hay otra razón de esta necesidad de dirigir nuestra atención hacia el ayer, ese ayer que aún no se ha solidificado. Y es que siempre nos es más revelador porque a él nos dirigimos con interés verdadero, pero no tan inmediato como al presente. No nos sentimos protagonistas de los sucesos de ayer, y así nuestro juicio es más claro. No está nuestra individual existencia tan inmediatamente comprometida.

La historia con que nos encontramos nos cuenta acontecimientos bastante externos a los hondos y verdaderos sucesos del siglo XIX; el drama está eludido, apenas si le dejan insinuarse entre los pliegues de los hechos «oficiales»; es una historia casi siempre convencional, en que la realidad histórica apenas aparece. Pero afortunadamente tenemos otro recurso para completar esta imagen del tiempo: la novela. Por coincidencia, el «naturalismo», «el positivismo» francés, no nos hizo en esto daño alguno, pues estas tendencias venían, aunque siendo diferentes, a coincidir con el realismo de la novela española. A ella debemos ir a buscar los motivos reales que mueven a los personajes, las creencias efectivas, la ética concreta de los personajes.

## La novela de Galdós

Este mundo de lo novelesco en el que se ha refugiado la vida española es recogido con perseverancia inigualable por un genio de la paciencia y de la humildad, inclinado en devoción sobre la vida vulgar, don Benito Pérez Galdós. El mundo que con tanta realidad nos presenta es el mundo de la tradición, de la que queda. En él aparece a través del delirio y el disparate, para nuestro consuelo, la única continuidad de la vida española, la unidad verdadera de España. Aparece en toda su obra dispersa, inagotable, pero de modo más concentrado y significativo en dos gigantescas figuras de mujer que encarnan las dos fuerzas cohesivas y creadoras a las que nada ha podido abatir: la fecundidad y la misericordia. Fortunata, moza madrileña que vivirá tanto como Madrid viva y quién sabe si le hará vivir, es la fuerza inmensa, inagotable, de la fecundidad; de la fecundidad humana lindante con la fecundidad de la naturaleza; tan insobornable como ella, tan inocente y poderosa como ella. Nada la detiene. Es la vocación irrefrenable de la maternidad, elevada a acto sagrado por el que la vida se sobrevive siempre. Es la más humilde, en verdad, de las fuerzas que crean la continuidad de un pueblo, pero la más indispensable; y en el pueblo, en que tan íntegramente se da esta vocación, esta arrolladora fuerza que todo lo vence, tiene ya mucho que esperar de su porvenir, tiene ya mucho ganado.

La otra, la criada Benigna de *Misericordia,* encarna casi sin parecerlo, con una sutileza que sólo se permite la verdad más verdadera, eso tan maravilloso como la misma fuente de la vida que es la misericordia. Es en la vida, en la vida real, en los dolores y las dificultades, en la angustia y la desesperación del intrincado mundo que es España, el aceite de la misericordia, su riqueza, su esplendor. También ella es invencible. En los vertederos y escombreras que rodean a Madrid, bajo su clarísimo cielo, esta figura vestida de pardo merino, cubierta por raído manto, sigue hoy alentando. Su alegría suave, inextinguible como la luz misma, la transparencia de un alma a la que ninguna desgracia ni ningún crimen, por monstruoso que sea, puede oscurecer, es la esperanza, la última, la que jamás se pierde. La criada «Nina», imagen de esa otra santa tan popular, santa Rita, abogada de lo imposible, es hoy, como en tiempos de Galdós, la única abogada de la continuidad verdadera, de la única unidad de España.

Misericordia y fecundidad mantienen unido este delirante mundo de la sangre, laberinto donde se quedó aprisionada la historia. Son la cordura en el delirio, la razón en la sinrazón.

Pero bien pronto va a aparecer en la faz de España una voluntad, y más que una voluntad, un anhelo: el anhelo de reducir este mundo de demencia, de encontrar la medida salvadora que hiciera volver de su desquiciamiento a la vida, el afán tímido de recobrarse no ya para heroicas empresas (al contrario: «encerremos con siete llaves el sepulcro del Cid»), sino para vivir mesurada, discretamente. Es el tiempo en que hasta el exabrupto va cargado de ansias de moderación, en que hasta el extremismo lo es por apetencia de medida. En suma, es el año de 1898, en que España, la pobre, desposeída España, se retira a su casa víctima de la última bancarrota, víctima de su torpeza, de su ingenuidad y de su prodigalidad. Y comienza a alzar su voz la razón: ¿no ves?, hay que corregirse. Pero ¿tiene acaso remedio?

Y como realmente no tiene remedio, el amor se apega a España tal y como es, pasando por alto sus faltas, enamorándose de ellas inclusive. Y ya no pretende nada, ni pide ni obliga a nada; todo lo más interroga. Si interroga, es inquietud y pensamiento, ansia torturadora: Unamuno. Por el pronto, si interroga [lo hace] con una renunciación; renuncia que engendra una decisión: salir de España para traerle filialmente lo que necesita, para proseguir con esperanzado anhelo día a día la persecución de qué sea España, es decir, de cuál sea el bien de España, en Ortega y Gasset. Son tal vez las dos actitudes activas que hay en la Península, aunque más activa y dirigida a la eficiencia, como de un más ordenado amor, en Ortega. Fuera de ellas ha surgido algo muy significativo y conmovedor, algo que pudiéramos llamar una mística de España, con el «poeta» Azorín.

## Una mística de España

Hay un escritor, Azorín, cuyo rasgo característico es la sensibilidad, la sensibilidad para lo vulgar, menudo, cotidiano. Azorín o la sensibilidad, se podría decir; mas ¿cómo funciona esta sensibilidad? Se nos aparece la sensibilidad como algo que nos pone en contacto con todo, ilimitadamente. En oposición a la razón, la sensibilidad no es excluyente, se extiende por todas las cosas y no conoce límite en su conocimiento. Y sin embargo, Azorín, escritor definido por ella, es muy limitado. La sensibilidad de Azorín le encierra, le limita y aun parece que le confina.

¿Por qué? Por algo seguramente que en Azorín ocurre. La historia literaria no está desprendida de la otra historia, sino que forma parte de ella, de dos maneras: porque es suceso histórico, y también porque expresa, tal vez mejor que nada, los verdaderos sucesos históricos, las estaciones, los actos del drama que es la vida de un pueblo. Y Azorín es la sensibilidad dentro de un mundo diseñado previamente. Y el diseño, la acotación de este mundo por donde va a extenderse la sensibilidad no ha sido hecha por ella. Han sucedido otras cosas que condicionan el funcionamiento de la sensibilidad de tan gran escritor, cosas que explican, a su vez, cómo otros escritores tomaron por otros caminos, arrancando de idéntica raíz.

Azorín nos presenta una España suspendida, detenida. Nos presenta a una España toda ella dentro de la melancolía. Es a través de la melancolía como vamos a encontrar a España; melancolía que es universal porque es la del tiempo que corre, pasa y no vuelve. El tiempo que pasa sobre todas las cosas, que a todas las envuelve, hermanándolas, borrándolas, limando sus luchas, dejando de cada una su fantasma. Es la España contemplada en el espejo del tiempo, en la corriente de las aguas mansas e inexorables. Y es en Azorín donde podemos percibir los dos tiempos: el tiempo histórico, la melancolía de un ayer mejor, y más aún de un ayer donde las cosas cobran plenitud. Y el otro tiempo, el que pasa minuto a minuto, el tiempo fino, gris, que cae insensible y cierto, el tiempo de lo doméstico. Estos dos tiempos nos dan la melancolía doble de una España más plena y henchida que se fue, y el tiempo de la España que se está yendo por momentos. Una irremediable melancolía envuelve todo esto, porque frente al transcurrir del tiempo no hay nada por parte de quien así lo contempla, no hay ninguna resistencia, ni un sí ni un no. Solamente mirada, espejo que refleja otro espejo, contemplación que multiplica este pasar de la corriente del tiempo como en una galería de espejos. Pues yo que miro pasar el tiempo en las cosas, lo siento pasar al par dentro de mí; es mi tiempo también el que pasa. Con las cosas pasa también mi vida. Y pasa simplemente, irremediablemente; pasa al igual que el tiempo en las cosas, deshaciéndome, aniquilándome, porque el solo remedio para salir de correr del tiempo es la acción, la decisión, el *sí* y el *no;* la voluntad. Azorín ha eliminado de la España que nos presenta la voluntad, ya desde el primer paso. No es puro azar, sino una profunda lógica que el primer libro de este autor tuviera por título *La Voluntad*. Era lo previo, era la primera estación, era la *epojé* o suspensión que se lleva a cabo en la mística y en algunos métodos de conocimiento, antes de entrar en materia.

La sensibilidad de Azorín está por eso limitada, porque tiene un funcionamiento determinado. Funciona para aprehender una España que está ahí y que se nos va; una España sobre la que no vamos a actuar, ni lo deseamos. Una España que no es para nosotros pista de ningún deseo, de ningún proyecto; una España que no es empresa ni construcción. Pero hay que aprehenderla despacio y a la par con urgencia, hay que buscarla y perseguirla en sus menores detalles, en sus escondrijos, en sus repliegues. Y, sin embargo, es una España plana, no es delirante, y de ella parece haberse eliminado lo monstruoso. Y así es: la voluntad y el deseo son el origen de todas las enormidades, de todo lo monstruoso. Por eso Azorín, al par que una sensibilidad de España, nos da una medida de España, una España al fin habitable, de donde la tragedia ha sido eliminada. Nada menos trágico que esta España de Azorín, y nada, difícilmente, más melancólico.

Esta medida de España podría ser banal y seguramente que es ése su mayor riesgo: su misma falta de riesgo. La España que nos presenta eliminados la voluntad y el deseo, es fantasmal, casi sin dimensión de profundidad. Es la España de las apariencias temporales sin raíces ni entrañas. Es la España de las apariencias, mas tan verdaderas, que dejan ver transparentemente los cimientos. Es la España sutil, que parece hechizarnos mortalmente para siempre. Mas, la medida de España que Azorín nos presenta no es banal, aunque podía haberlo sido; le salva de ello un fuego íntimo, un fuego, diríamos, que no es voluntad, pero que ocupa su puesto: el enamoramiento. Azorín no tiene voluntad, ni *sí* ni *no* ante España; Azorín está prendido a ella, hechizado para siempre. Azorín pertenece al linaje de los grandes enamorados de España, está en la línea del amor desasido, sin mezcla de deseo alguno.

Por eso la medida cada vez se va profundizando. Comenzó por ser crítica, por estar casi en la línea de Larra, presentándonos una reducción de España, una resolución posible, eliminando la tragedia, haciendo de España un lugar habitable. Pero el amor hace sus estragos y Azorín se rinde, se entrega ante España, y cada vez se hunde más y más en ella, sin importarle apenas ya lo que tenga o deba de ser. Y, sin embargo, la sensibilidad de Azorín sigue siendo una medida de España; su visión sigue siendo una reducción, porque sigue sin admitir en ella a la voluntad.

Por eso, con Azorín vamos hacia una mística de España. Azorín nos encamina a una mística de España por el sendero más clásico, por el sendero de la mística oriental. El sendero que nos encamina a poseer una cosa sin el sufrimiento, sin el dolor, sin la acción. Pero esto sólo podía durar un momento.

Azorín ha sido posible en un momento de la vida española, cuando España se detiene. Sus desastres y la barrera que el mundo la pone la han cercado y se queda quieta. Los españoles mejores aprovechan esta pausa para mirar y preguntar. Es el momento de *El Espectador,* el momento de la interrogación, en que España, a través de sus mejores entendimientos, se vuelve hacia sí y se interroga. Azorín comenzó también interrogando, pero el amor le venció y la respuesta ha sido la melancolía de una España fantasmal, quieta, detenida, sin tragedia. De una España que poseemos sin dolor y conservamos sin esperanza.

## La poesía

Una España que poseemos sin dolor y conservamos sin esperanza. Mas, por debajo de esta España casi fantasmal, una nueva esperanza se ha ido abriendo paso en silencio y su vehículo de expresión, su forma de revelación, ha sido la poesía. En lo hondo de las entrañas de la vida española germinaba una nueva esperanza; no era posible quedarse en la «mística» contemplativa de sí misma y en lucha con la desesperación; la esperanza se abría paso.

También tenemos que renunciar a recorrer el camino descrito por esta esperanza a través de la poesía. Y es lástima, pues en la poesía se ha verificado en estos últimos años una verdadera reintegración de España, una vuelta en sí. En ella se ha anudado la tradición y mediante ella se ha tomado contacto con el fondo siempre vivo de la cultura popular, con eso que más o menos pedantescamente suele llamarse *folklore*. Ha sido el verdadero tradicionalismo el que no ha hecho, ni ha planteado problema alguno, sino que graciosamente nos ha traído a la memoria nuestras mejores voces de otras horas, nos ha alegrado e ilusionado con la rememoración de nuestro ayer, nos ha recreado con nuestro tesoro. Ha sido en realidad ponernos en comunicación de nuevo con un ayer del que habíamos quedado aislados e ignorantes. Ha sido conciencia y memoria.

Conciencia y memoria: continuidad. Y esperanza. Y ha sido en la poesía como se ha mostrado, porque demasiado profunda y tímida, demasiado reservada, demasiado sin asidero razonable, apenas nadie le hubiese dado crédito. El pensamiento necesita razones más positivas, más hechas para acoger a algo dentro de sí, mientras que la poesía tiene por vocación acudir a cantar lo que nace. Y lo que nace, sobre todo, en contradicción y a despecho de lo que le rodea. La poesía exige menos y ofrece más que el pensamiento; su esencia es su propia generosidad.

La continuidad de España se ha expresado por la poesía, sin que nadie pueda ya impedirlo, pero se ha expresado igualmente por la sangre. Y la sangre también tiene su universalidad. Mas sin la palabra no sería comprendida, no estaría tan corroborada. La palabra es la luz de la sangre. Y de las dos, entre las dos, mantendrán viva la continuidad del pueblo español todo lo silenciosamente que haga falta. Confiemos, sí, en que mientras exista poesía, existirá España».